세상에서 가장 친밀한
초등 영어 읽기

Family and House

Giovanna Stapleton, Anne Kim, Benjamin McBride 지음

우선 순위 리딩 지문 40

동양북스

지은이
동양북스 초등 영어 연구소
Giovanna Stapleton
Anne Kim
Benjamin McBride

세상에서 가장 친밀한
초등 영어 읽기
Family and House

초판 1쇄 인쇄 ㅣ 2022년 11월 25일
초판 1쇄 발행 ㅣ 2022년 12월 1일

발행인 ㅣ 김태웅
기획·총괄 ㅣ 황준
편집 ㅣ 안현진
디자인 ㅣ Design MOON-C
마케팅 ㅣ 나재승
제작 ㅣ 현대순
발행처 ㅣ (주)동양북스
등록 ㅣ 제 2014-000055호
주소 ㅣ 서울시 마포구 동교로 22길 14 (04030)
구입 문의 ㅣ 전화 (02)337-1737
　　　　　 팩스 (02)334-6624
내용 문의 ㅣ 전화 (02)337-1763
　　　　　 dybooks2@gmail.com

ISBN 979-11-5768-716-9 64740

우리 초등학생은 첫 리딩 책에서 로켓을 발사하다/환경을 보호하다/엘니뇨를 겪다/광합성을 하다를 읽습니다. 괜찮을까요?

입을 헹구다/늦게까지 깨어 있다/주사를 맞다/재택근무를 하다부터 읽어야 하지 않을까요? 그것을 충분히 읽은 상태에서, 그 바탕 위에서 모든 것을 읽어야 하지 않을까요?

〈세상에서 가장 친밀한 초등 영어 읽기 Family and House, Neighbors and Street〉는 우리에게 가장 밀접한 것들을 충분히 읽어 볼 수 있는 책입니다. 필수 표현이 가득 담긴 글을 통해 올바른 영어 읽기를 빈틈없이 시작할 수 있는 것입니다.

어려운 책 한 권보다 쉬운 책 여러 권이 낫다!

- Stephen D. Krashen

세계 최고의 언어학자인 스티븐 크라셴 박사는 시험을 치르거나 숙제를 하기 위해 읽는 활동보다는 즐거움을 위해 폭넓게 읽는 독서가 어휘력을 향상시키는 것은 물론 독해력, 철자, 작문 실력을 키우는 데도 핵심적인 역할을 한다고 했습니다. 영어 읽기를 시작하는 아이들에게 중요한 것은 쉽고 재미있는 글입니다. 학습 부담을 느끼지 않고 이해할 수 있는 이야기를 여러 번 읽어 유창하게 읽을 때까지 반복하는 것이 가장 좋은 것입니다.

〈세상에서 가장 친밀한 초등 영어 읽기 Family and House, Neighbors and Street〉는 익숙한 어휘와 문법, 그리고 흥미로운 주제가 담긴 재미있는 이야기가 가득 담겨 있습니다. 쉬운 어휘와 문법만 이해할 수 있다면 충분합니다. 이 책과 함께하면 영어 읽기에 대한 자신감과 유창성이 쑥쑥 자라 리딩의 기초 체력이 튼튼해질 것입니다.

Contents

Part III Places in the House 집 안의 장소들

Part IV Things in the House 집 안의 물건들

이 책의 활용법

● Reading

Family와 House에 관한 재미있는 **이야기들**이 기다리고 있습니다. 흥미로운 이야기를 읽어 나가면
영어 읽기가 즐거운 경험이 되고 저절로 **유창성이 키워질** 것입니다. 영어 읽기의 즐거움 속으로 빠져볼까요?

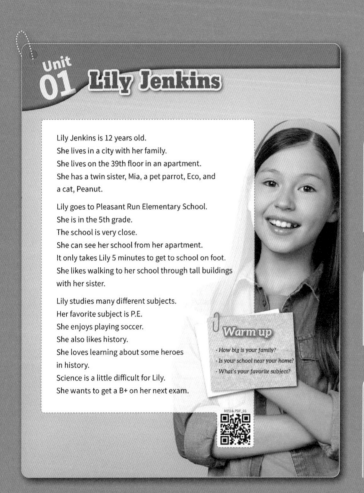

Unit 01 Lily Jenkins

Lily Jenkins is 12 years old.
She lives in a city with her family.
She lives on the 39th floor in an apartment.
She has a twin sister, Mia, a pet parrot, Eco, and
a cat, Peanut.

Lily goes to Pleasant Run Elementary School.
She is in the 5th grade.
The school is very close.
She can see her school from her apartment.
It only takes Lily 5 minutes to get to school on foot.
She likes walking to her school through tall buildings
with her sister.

Lily studies many different subjects.
Her favorite subject is P.E.
She enjoys playing soccer.
She also likes history.
She loves learning about some heroes
in history.
Science is a little difficult for Lily.
She wants to get a B+ on her next exam.

Warm up
- How big is your family?
- Is your school near your home?
- What's your favorite subject?

Theme
Part1은 도시의 가족, Part2는 전원의 가족, Part3는 집안의 공간, Part4는 집안의 물건에 대한 글이 담겨 있습니다. 모든 이야기는 우리 일상과 가장 가까운 주제를 다루고 있습니다.

Vocabulary
각 과마다 10개의 새로운 단어를 배울 수 있습니다. 읽기를 처음 시작하는 학습자의 경우 우측에서 어휘를 먼저 훑어보는 것도 좋은 방법입니다.

MP3
QR코드를 찍으면 원어민의 MP3를 들을 수 있습니다. 원어민과 함께 책을 소리 내어 읽어 주세요. 문법 포인트나 어휘에 주의를 기울여 따라 읽다 보면 듣기와 회화에도 많은 도움이 됩니다.

● Warm up

배경지식을 활성화시키는 좋은 방법 중 하나는 **질문을 하는 것**입니다. 읽기 전에 **주제와 관련된 질문에 대답을 하는** 과정에서 이야기에 생각을 더해 주세요.

● *Practice*

이야기를 읽은 다음에는 연습 문제를 풀어봅니다. 어휘, 내용 이해, 그리고 리딩 스킬 등의 다양한 유형을 통해 얼마나 완벽하게 읽었는지 확인할 수 있습니다.

Vocabulary Practice
어휘 확인은 읽기 준비 정도에 따라 읽기 전이나 후에 해도 됩니다. 읽기 초보라면 먼저 어휘를 확인하면 내용 이해할 때 도움이 됩니다.

Comprehension Questions
내용에 대한 이해를 확인하는 과정을 통해 잘 이해했는지 확인해 볼 수 있습니다.

Reading Skills
그래픽 오거나이저에 빈칸에 단어를 넣는 활동을 하면서 주제 찾기, 시간 순서대로 나열하기, 비교하기 등 여러 가지 리딩 스킬을 배울 수 있습니다.

● *Vocabulary Review*

어휘를 복습할 수 있습니다. 단어 뜻, 반의어, 문장 활용 등으로 구성되어 있습니다. 어휘를 한 번 더 문제로 풀면서 확실히 내 것으로 만들 수 있습니다.

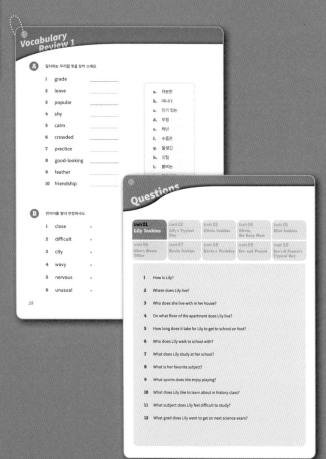

● *Speaking Review*

영어로 질문과 대답을 하며 배운 내용을 복습할 수 있습니다. PDF와 MP3에 담긴 질문에 답해 보세요.

● *Answer Key*

글에 대한 한글 해석과 문제 정답을 확인할 수 있습니다.

Lily Jenkins is 12 years old.

She lives in a city with her family.

She lives on the 39th floor in an apartment.

She has a twin sister, Mia, a pet parrot, Eco, and a cat, Peanut.

Lily goes to Pleasant Run Elementary School.

She is in the 5th grade.

The school is very close.

She can see her school from her apartment.

It only takes Lily 5 minutes to get to school on foot.

She likes walking to her school through tall buildings with her sister.

Lily studies many different subjects.

Her favorite subject is P.E.

She enjoys playing soccer.

She also likes history.

She loves learning about some heroes in history.

Science is a little difficult for Lily.

She wants to get a B+ on her next exam.

Warm up

- *How big is your family?*
- *Is your school near your home?*
- *What's your favorite subject?*

MP3 & PDF_01

A 알맞은 단어의 뜻을 찾아보세요.

grade [ ]　　close [ ]　　exam [ ]　　take [ ]　　elementary school [ ]

favorite [ ]　　subject [ ]　　science [ ]　　difficult [ ]　　on foot [ ]

① 초등학교　　② 어려운　　③ (얼마의 시간이) 걸리다　　④ 걸어서　　⑤ 시험
⑥ 학년　　⑦ 가까운　　⑧ 가장 좋아하는　　⑨ 과학　　⑩ 과목

B 문제를 읽고 알맞은 답을 찾아보세요.

1 How old is Lily?

　a 10 years old　　**b** 12 years old　　**c** 13 years old

2 How does Lily go to school?

　a by bus　　**b** by subway　　**c** on foot

3 Which class does Lily like?

　a P.E.　　**b** science　　**c** English

4 What sport does Lily enjoy?

　a She enjoys playing soccer.

　b She enjoys running.

　c She enjoys doing yoga.

C 다음 이야기를 읽고 빈칸을 채워보세요.

<보기>　has　　goes　　favorite　　history　　grade　　lives

Main Idea	Lily Jenkins and her city life
Family	She _____ in a city with her family.
	She _____ a twin sister, a pet parrot, and a cat.
School	She _____ to Pleasant Run Elementary School.
	She is in the 5th _____ .
Subject	Her _____ subject is P.E. She also likes _____ .

Lily usually wakes up at 7:30 AM.
First, she checks her mobile phone.
Then she gets ready for school
and leaves home around 8:20 AM.

Lily has a very busy schedule.
She has classes from 9:00 AM to 3:30 PM.
Then she has many different after-school classes.

Mondays and Wednesdays, she goes to ballet lessons.
She likes them because she can practice ballet
and listen to music at the same time.

Tuesdays and Fridays, she studies science with Mia.
Mia is good at science,
so she helps Lily with experiments.
Lily thinks the experiments are fun.
But she does not like to write the reports.

Lily's family has dinner around 7:00 PM,
then watches TV together
and chats about their day.
They really love this "family chat-time."
Then she ends her day at 10:00 PM.

Warm up

- When do you usually get up?
- When do you leave for school?
- What do you do before you go to school?

MP3 & PDF_02

A 알맞은 단어의 뜻을 찾아보세요.

> wake up [ ]   check [ ]   get ready [ ]   leave [ ]   around [ ]
>
> experiment [ ]   class [ ]   dinner [ ]   chat [ ]   end [ ]

① 확인하다   ② ~쯤에   ③ 깨어나다   ④ 수다를 떨다   ⑤ 끝내다
⑥ 수업   ⑦ 실험   ⑧ 준비하다   ⑨ 저녁 식사   ⑩ 떠나다

B 문제를 읽고 알맞은 답을 찾아보세요.

1 What time does Lily wake up?

  a 6:30 AM   **b** 7:30 AM   **c** 8:20 AM

2 What does Lily do first after waking up?

  a exercise   **b** drink water   **c** check her mobile phone

3 What is NOT true about Lily after school?

  a She studies science on Tuesdays.

  b She has a cooking class on Fridays.

  c She goes to ballet class on Mondays.

4 What does Lily's family do after dinner?

  a take a walk   **b** chat about their day   **c** read books

C 다음 문장을 읽고 Lily의 하루를 순서대로 번호를 쓰세요.

Lily has classes from 9:00 AM to 3:30 PM.

She leaves home around 8:20 AM.

Lily's family has dinner together around 7:00 PM.

Lily's mom is Olivia, and she is a very stylish hairstylist.
She has long, brown, wavy hair.
She has a slim face.
She looks awesome with her long, brown, and wavy hair.

Olivia's hair salon is very popular.
It is popular because she is a very good hairstylist.
But it is also popular among many Koreans,
because she can speak Korean well.
If you want your hair done in her shop,
you must make an appointment.

Warm up

- *What does your mom look like?*
- *What is your mom good at?*

Olivia does not just do people's hair.
She gives people advice on hairstyles.
You have a long face, then she will give you bangs.
You have a round face, then she will do a straight hairstyle.
You have a slim face, then she will give you a curly perm.
Olivia is a fantastic hairstylist, and she is a very busy mom.

MP3 & PDF_03

A 알맞은 단어의 뜻을 찾아보세요.

> stylish ⬚ wavy ⬚ slim ⬚ awesome ⬚ popular ⬚
>
> speak ⬚ give advice ⬚ bangs ⬚ straight ⬚ fantastic ⬚

① 엄청난 ② 말하다 ③ 조언하다 ④ 앞머리 ⑤ (머리 등이) 곧은
⑥ 환상적인 ⑦ 인기 있는 ⑧ 웨이브가 있는 ⑨ 스타일이 좋은 ⑩ 갸름한, 날씬한

B 문제를 읽고 알맞은 답을 찾아보세요.

1 What does Olivia's hair look like?

　a long, straight hair　　**b** short, wavy hair　　**c** long, wavy hair

2 What does Olivia's face look like?

　a a slim face　　**b** a long face　　**c** a round face

3 What is Olivia good at?

　a drawing　　**b** cutting hair　　**c** speaking Spanish

4 You have a round face. According to Olivia's advice, what hairstyle should you choose?

　a bangs　　**b** straight hair　　**c** curly perm

C 다음 이야기를 읽고 빈칸을 채워보세요.

> <보기> gives　slim　stylish　hairstylist　speak　wavy

Main Idea	Olivia Jenkins
Looks	Olivia is a very _____ hairstylist. She has long, brown, _____ hair. She has a _____ face.
Talent	She is a very good _____ . She can _____ Korean well.
Advice	She _____ people advice on hairstyles.

Olivia, the Busy Mom

Olivia is a hairstylist, and she is a very busy mom.
In the morning, she gets ready for work, and she wakes her daughters up and gets them ready for school.
Her husband makes breakfast while they are preparing.
But when he can't, she makes a simple breakfast like cereal with milk.
Or sometimes she prepares toast with juice.

Olivia's working hours are from 11 AM until 7 PM.
People have to make an appointment before they come to see her.
Her hair salon is nearby, so she can come home early and spend more time with her family.

Olivia likes online shopping.
She says online shopping saves time and energy.
She also likes dessert like cakes and ice cream.
She enjoys eating dessert and chatting with her daughters after dinner.
She is a busy mom but also a happy mom.

Warm up

- What does your mom do?
- How many hours a day does she work?
- What does she do in the evening?

MP3 & PDF_04

A 알맞은 단어의 뜻을 찾아보세요.

hairstylist [ ] breakfast [ ] prepare [ ] working hours [ ] save [ ]
appointment [ ] hair salon [ ] spend [ ] online shopping [ ] energy [ ]

① 근무 시간　　② 준비하다　　③ 아침 식사　　④ (시간을) 보내다　　⑤ 절약하다
⑥ 미용실　　⑦ 온라인 쇼핑　　⑧ 미용사　　⑨ 기운, 에너지　　⑩ 약속, 예약

B 문제를 읽고 알맞은 답을 찾아보세요.

1 What does Olivia Jenkins do?

　a a designer　　　　　**b** a model　　　　　**c** a hairstylist

2 What does Olivia NOT prepare for breakfast?

　a toast with juice　　　**b** spaghetti　　　**c** cereal with milk

3 What do people have to do before they come to Olivia's hair salon?

　a make an appointment　　**b** stand in line　　**c** shop online

4 What does Oliva do in the evening?

　a She enjoys eating dessert with her family.　　**b** She plays online games.

　c She chats with her friends on the phone.

C 다음 이야기를 읽고 빈칸을 채워보세요.

<보기> busy　chatting　breakfast　nearby　working hours　dessert

Main Idea	Olivia, the busy mom
Morning	Olivia is a hairstylist. She is a very _____ mom. She gets ready for work and wakes her daughters up. And she makes _____ .
Afternoon	Olivia's _____ are from 11 AM until 7 PM. Her hair salon is _____ , so she can come home early.
Evening	Olivia likes online shopping and enjoys eating _____ and _____ with her daughters after dinner.

Eliot Jenkins

Eliot is Lily's dad.

His job is programming mobile games.

He is a successful mobile game maker.

Interestingly, he is also the homemaker in the family.

It means he works at home.

Eliot is a quiet person.

He is happy about working at home.

He is a little shy, so he likes to work alone.

That's why programming at home is perfect for him.

He is usually very calm and tidy.

He is the perfect homemaker for the family.

Eliot is good at one more thing.

He is very good at cooking.

Everyone is much happier when he cooks.

But he is a huge fan of a famous "YouTube" chef.

He is afraid everyone will learn about his secret.

Everyone thinks he worries too much.

He needs to be more relaxed!

Warm up

- *What does your dad do?*
- *What is your dad like?*
- *How often does your dad cook at home?*

MP3 & PDF_05

A 알맞은 단어의 뜻을 찾아보세요.

perfect [ ]　homemaker [ ]　quiet [ ]　shy [ ]　calm [ ]
tidy [ ]　huge [ ]　afraid [ ]　worry [ ]　relaxed [ ]

① 차분한　　② 수줍은　　③ 전업 주부　　④ 완벽한　　⑤ 조용한
⑥ 여유 있는　⑦ 엄청난　　⑧ 걱정스러운　⑨ 걱정하다　⑩ 정리정돈을 잘하는

B 문제를 읽고 알맞은 답을 찾아보세요.

1 What is NOT Eliot's job?

　a homemaker　　　**b** mobile game maker　　　**c** chef

2 How does Eliot feel about working at home?

　a afraid　　　**b** happy　　　**c** worried

3 What is Eliot like?

　a calm and tidy　　　**b** talkative　　　**c** active

4 What is Eliot good at?

　a cooking　　　**b** painting　　　**c** building houses

C 다음 이야기를 읽고 빈칸을 채워보세요.

<보기>　homemaker　shy　calm　quiet　cooking　game　fan　chef

Main Idea	Eliot Jenkins
Eliot Jenkins	Eliot is Lily's dad. He is a successful mobile _____ maker. He is also the _____ in the family.
Personality	He is a _____ person. He is a little _____ , so he likes to work alone. He is usually _____ and tidy.
Talent	He is good at _____ . He is a huge _____ of a famous "YouTube" _____ .

Unit 06
Eliot's Home Office

Warm up

- Where does your dad work?
- How often does your dad play with you?

Eliot works at home.
He used to work in an office.
But now his office is in his house.

Eliot is happy about working at home.
He is happy because he doesn't need to take a crowded bus.
He also doesn't need to go out to eat lunch.
He had to move around a lot to have meetings in the office.
But now he has online meetings at home.
Working at home helps him save time.
Now he sees his children and pets during the day.

There is one problem. He has gained weight.
This is because he doesn't move around much.
So he is trying "home workouts."
His best friend is YouTube now.
He watches cooking programs, exercise programs, and more.
Still, he is happy to be a homemaker,
and he is very good at it!

MP3 & PDF_06

A 알맞은 단어의 뜻을 찾아보세요.

office ( )   used to ( )   crowded ( )   gain ( )   have a meeting ( )

go out ( )   move ( )   help ( )   weight ( )   home workout ( )

① 사무실   ② 붐비는   ③ 움직이다   ④ 얻다   ⑤ 도와주다
⑥ 홈트레이닝   ⑦ 체중   ⑧ ~하곤 했다   ⑨ 밖으로 나가다   ⑩ 회의를 하다

B 문제를 읽고 알맞은 답을 찾아보세요.

1 Where does Eliot work?

   a at home   **b** in the office   **c** at a cafe

2 What is one problem about working at home?

   a losing weight   **b** gaining weight   **c** saving time

3 What program will Eliot watch on YouTube when he tries home workouts?

   a cooking program   **b** news program   **c** exercise program

4 Why is Eliot happy about working at home?

   a Because he doesn't need to move around to have meetings.

   b Because he needs to go out to eat lunch.

   c Because he needs to move around a lot.

C 다음 이야기를 읽고 빈칸을 채워보세요.

<보기>   helps   house   go out   office   gained   crowded   has

Main Idea	Eliot's home _____
Home office	Eliot used to work in an office. But now his office is in the _____ .
Good things	He is happy because he doesn't need to take a _____ bus. He also doesn't need to _____ to eat lunch. He _____ online meetings at home. Working at home _____ him save time.
Bad thing	He has _____ weight. He is trying the "home workouts."

Kevin Jenkins

Kevin is Lily's big brother.

He is a college student.

He is a soccer player, and he is very smart and good-looking.

So he is very popular among his friends.

He has played soccer since he was in elementary school.

He wants to become a professional player.

He always practices soccer.

He sometimes has matches on the weekends.

He always comes home really late.

He usually stays up very late and watches soccer games from other countries.

He often brings his friends home and stays up late to watch soccer games with them.

Kevin's dad is not so pleased with Kevin.

But his dad understands his dream.

He just tells Kevin to balance his studies and soccer and try to live a normal life.

So Kevin has decided to study harder.

He even got a part-time job just like all his friends.

Now he works at a café on the weekends.

Warm up

- Do you have a brother?
- What does your brother do?
- What does your brother look like?

MP3 & PDF_07

A 알맞은 단어의 뜻을 찾아보세요.

> college student ☐ always ☐ professional ☐ practice ☐ match ☐
> stay up late ☐ sometimes ☐ good-looking ☐ usually ☐ balance ☐

① 가끔　　② 잘생긴　　③ 균형을 잡다　　④ 시합　　⑤ 항상
⑥ 보통　　⑦ 연습하다　　⑧ 전문적인　　⑨ 대학생　　⑩ 늦게까지 자지 않고 있다

B 문제를 읽고 알맞은 답을 찾아보세요.

1 Who is Kevin?

   a Lily's dad　　　**b** Lily's uncle　　　**c** Lily's brother

2 What does Kevin NOT do?

   a have matches on the weekdays　　　**b** practice soccer

   c come home late

3 Why does he usually stay up late?

   a to play soccer　　　**b** to watch soccer games　　　**c** to practice soccer

4 What does Kevin's dad tell him to do?

   a His dad tells Kevin to understand him.

   b His dad tells Kevin to come home early.

   c His dad tells Kevin to balance studies and soccer.

C 다음 이야기를 읽고 빈칸을 채워보세요.

> <보기>　practices　stays　brings　matches　late　comes

Frequency	Kevin Jenkins
Always	He always _____ soccer and _____ home really _____ .
Usually	He usually _____ up very late.
Often	He often _____ his friends home.
Sometimes	He sometimes has _____ on the weekends.

Warm up

- *Does your brother or sister have a part-time job?*
- *What kind of part-time job do you want to do?*

Kevin works in a café near his college.
At first, he didn't really like working there,
because cooking was hard.
But at the café, he learned to cook.
He became confident in his cooking.
He got to like his job.

One day, Kevin invited his family to the café.
Kevin was excited and nervous.
He was worried that they wouldn't like the drinks or
the food or the café.
But they looked very happy when they came.

Lily had a plate of bacon, an egg sandwich,
and a glass of strawberry yogurt.
Mia had a bowl of salad, a slice of chocolate cake,
and a cup of green tea.
Olivia had an iced latte and two slices of toast.
Eliot had a small Americano and a ham sandwich.
Everybody was happy with everything.
They took many pictures too.
So Kevin was very happy.

MP3 & PDF_08

A 알맞은 단어의 뜻을 찾아보세요.

confident ☐   invite ☐   excited ☐   a plate of ☐   nervous ☐
worried ☐   a bowl of ☐   a slice of ☐   a cup of ☐   green tea ☐

① 걱정하는   ② 한 접시의   ③ 초대하다   ④ 한 그릇의   ⑤ 녹차
⑥ 한 장의, 한 쪽의   ⑦ 한 잔의   ⑧ 신이 난   ⑨ 자신감 있는   ⑩ 불안해하는, 긴장한

B 문제를 읽고 알맞은 답을 찾아보세요.

1 Where does Kevin work?

   a a bookstore   **b** a café   **c** a restaurant

2 Why did Kevin NOT like working at the café at first?

   a Because the café was far from his college.   **b** Because cooking was hard.

   c Because he didn't want to work.

3 How did Kevin feel when he invited his family to the café?

   a excited and nervous   **b** tired and sleepy   **c** angry and embarrassed

4 What was NOT ordered by Lily's family at the café?

   a Lily had a plate of bacon, and an egg sandwich.

   b Olivia had a glass of wine and steak.

   c Eliot had a small Americano and a ham sandwich.

C 다음 문장을 읽고 Kevin이 가족들을 카페에 초대한 날의 일을 순서대로 번호를 쓰세요.

His family had lots of drinks and food.

One day, Kevin invited his family to the café, and Kevin was nervous.

Everybody was happy with everything and Kevin was happy, too.

Lily has two pets, Eco and Peanut.

Eco is a parrot, and her feathers are very colorful.

Parrots are originally from Australia.

Eco has a special skill. Her skill is talking.

She copies Lily's family, especially Lily.

Her favorite thing to say is "silly Kevin."

Everyone thinks it's funny,

but Kevin really hates it when Eco says that.

Peanut is a cat. His breed is "Munchkin."

Munchkins are originally from America.

He is a little chubby and very cute.

His legs are very short.

But he can still jump quite high.

Eco and Peanut are two different animals.

It is unusual for a cat and a parrot to live together.

They get along really well and many people think
it is very strange.

But they play together and they fight with each
other like friends.

Eco and Peanut love each other very much.

Warm up

- Do you have a pet?

- How old is it?

- What does it look like?

- Where did you get it from?

MP3 & PDF_09

A 알맞은 단어의 뜻을 찾아보세요.

| pet [ ] | feather [ ] | colorful [ ] | originally [ ] | copy [ ] |
| hate [ ] | chubby [ ] | jump [ ] | unusual [ ] | fight [ ] |

① 따라 하다   ② 애완동물   ③ 미워하다   ④ 특이한   ⑤ 싸우다
⑥ 점프하다   ⑦ 통통한   ⑧ 원래   ⑨ 깃털   ⑩ 다채로운

B 문제를 읽고 알맞은 답을 찾아보세요.

1 What kind of pets does Lily have?

   a a cat and a parrot   **b** a dog and a rabbit   **c** a hamster and a hedgehog

2 Which is NOT true about Eco, according to the story?

   a She is very colorful.

   b Her skill is talking.

   c Her favorite thing to say is "smart Lily."

3 Which is NOT true about Peanut, according to the story?

   a He is a Munchkin.   **b** He is chubby and cute.   **c** His legs are very long.

4 Eco and Peanut get along well. What do people think about it?

   a It's strange.   **b** It's natural.   **c** It's usual.

C 다음 이야기를 읽고 빈칸을 채워보세요.

| <보기>　colorful　parrot　cat　breed　talking　chubby　short |

Eco	Peanut
She is a _____ and her feathers are _____ . She has a special skill. Her skill is _____ .	He is a _____ and his _____ is Munchkin. He is a little _____ and cute. His legs are very _____ . But he can jump quite high.

Eco and Peanut have a strange friendship.
In the morning, Eco always tries to take Peanut's food.
So they always fight.
It is funny when Eco beats up on Peanut.
Peanut runs away and hides in Lily's room.

In the afternoon, Eco sits on Eliot's shoulder.
Peanut usually goes to sleep in the living room.
But he sometimes waits for Lily at the door.
Lily sometimes takes them to the park.
She sometimes plays with Eco and Peanut at home.

In the evening, they quietly eat their food.
Then Eco sits next to the family and copies Lily.
Peanut runs around the family.
They can't sit quietly when they are awake.

It is very cute when they go to sleep at night.
Eco lies on Peanut and they go to sleep together.
They fight often, but they always sleep together.
They really do have a strange friendship.

Warm up

- Do you play with your pet?
- What are some good things and some bad things about having pets?
- What kind of animals live in your country?

MP3 & PDF_10

A 알맞은 단어의 뜻을 찾아보세요.

strange ☐   friendship ☐   lie ☐   hide ☐   beat up on ☐

run away ☐   go to sleep ☐   wait for ☐   awake ☐   try ☐

① 시도하다   ② 우정   ③ 호되게 때리다   ④ ~를 기다리다   ⑤ 도망가다
⑥ 잠들다   ⑦ 눕다   ⑧ 이상한   ⑨ 숨다   ⑩ 깨어 있는

B 문제를 읽고 알맞은 답을 찾아보세요.

1 What does Eco NOT do in the morning?

  a take Peanut's food   **b** fight with Peanut   **c** hide in Lily's room

2 What does Peanut usually do in the afternoon?

  a sit on Eliot's shoulder   **b** wait for Lily   **c** go to sleep

3 What happens in the evening in Lily's house?

  a Eco and Peanut quietly eat their food.

  b Eco and Peanut sit quietly.

  c Eco and Peanut always fight.

4 Where does Lily take Eco and Peanut?

  a to the school   **b** to the park   **c** to the market

C 다음 문장을 읽고 Eco와 Peanut의 하루를 순서대로 번호를 쓰세요.

Peanut sometimes waits for Lily at the door.

Eco always tries to take Peanut's food.

Eco lies on Peanut and they go to sleep together.

A 일치하는 우리말 뜻을 찾아 쓰세요.

1 grade _____

2 leave _____

3 popular _____

4 shy _____

5 calm _____

6 crowded _____

7 practice _____

8 good-looking _____

9 feather _____

10 friendship _____

a. 차분한

b. 떠나다

c. 인기 있는

d. 우정

e. 학년

f. 수줍은

g. 잘생긴

h. 깃털

i. 붐비는

j. 연습하다

B 반의어를 찾아 연결하세요.

1 close •

2 difficult •

3 city •

4 wavy •

5 nervous •

6 unusual •

• easy

• relaxed

• far

• usual

• country

• straight

C 단어를 골라 문장을 완성해보세요.

1   Lily Jenkins (is / are) 12 years old.

2   Lily usually wakes up (in / at) 7:30 AM.

3   She (does / has) long, brown, and wavy hair.

4   She also likes (dessert / desert) like cakes and ice cream.

5   Eliot is a (quite / quiet) person.

6   He used to (worked / work) in the office.

7   He (sometimes / sometime) has matches on the weekends.

8   Olivia had an iced latte and two (slice / slices) of toast.

9   (His / Him) breed is Munchkin.

10 Eco sits next (for / to) the family and copies Lily.

D 알맞은 단어를 써서 문장을 완성해보세요.

| ready   gives   on   meetings   foot   working   up   waits |

1   It only takes Lily 5 minutes to get to school on _____.

2   She gets _____ for school.

3   She _____ people advice on hairstyle.

4   Olivia's _____ hours are from 11 AM until 7 PM.

5   Now he has online _____ at home.

6   He stays _____ late to watch soccer games with them.

7   He sometimes _____ for Lily at the door.

8   Eco lies _____ Peanut and they go to sleep together.

William Gray

William Gray is a 6th grader at Oakwood Elementary School.

He and his family live in a small town with two dogs, a rabbit, a chicken, a pig and a duck.

His mom is a vet, his dad is a farmer and his sister, Jade, is a high school student.

William enjoys his school because it has a mini farm.

Every student can grow vegetables and take care of the animals at the farm.

He loves to learn about nature.

William can also go out to the fields and mountains.

He can take pictures of nature and write in his diary about his field trips.

He can study about bugs, trees, and plants, too.

He wants to be a doctor of trees one day.

He thinks nature is very interesting.

He loves his school, his teachers, and his friends.

Warm up

- What grade are you in?
- Where do you live?
- Do you like the city or the country?

MP3 & PDF_11

A 알맞은 단어의 뜻을 찾아보세요.

grader [　] bug [　] town [　] field trip [　] take care of [　]
farm [　] mountain [　] grow [　] take a picture of [　] interesting [　]

① 마을　② ~를 보살피다　③ 흥미로운　④ 농장　⑤ 현장 학습
⑥ 벌레　⑦ 학년(생)　⑧ ~의 사진을 찍다　⑨ 산　⑩ 기르다

B 문제를 읽고 알맞은 답을 찾아보세요.

1 Where does William live?

  a in a small town　**b** in a big city　**c** at a small mountain

2 What animal does William not have at home?

  a a rabbit　**b** a goat　**c** a chicken

3 What can you see at William's mini farm at school?

  a fruits　**b** bugs　**c** vegetables

4 What is William's dream?

  a He wants to be a doctor of trees.　**b** He doesn't know yet.

  c He thinks he will study bugs.

C 다음 이야기를 읽고 빈칸을 채워보세요.

<보기>　town　farm　trees　grader　vegetables　animals　fields

Main Idea	William and his country life
Home	He is a 6th _____ and lives in a small _____ with many animals and his family.
School	His school has a mini _____ so every student can grow _____ and take care of the _____ .
Field	He can also go out to the _____ and mountains. He wants to be a doctor of _____ .

31

William's day is very busy.
He gets up at 6:00 AM.
Then he feeds his dogs, rabbit, chicken, pig, and duck.
It is a real mess when the animals eat.

William's school starts at 9:00 AM and ends at 3:30 PM.
He finishes his lunch quickly.
Then he plays with his friends a little and feeds the animals at the mini farm.

After school, William takes the dogs out for a walk.
Then he plays with all his pets with his sister Jade.
After that, they do their homework together.
Then William gives food to his pets.

At William's house, everyone helps make dinner.
Everyone in his family sits around in the yard together.
They have dinner and chat about their day.
They love life in their small town.

Warm up

- After getting up, what do you do first?

- What time do your classes start and end?

- After school, what do you usually do?

MP3 & PDF_12

A 알맞은 단어의 뜻을 찾아보세요.

feed ☐　mess ☐　homework ☐　quickly ☐　together ☐
yard ☐　get up ☐　life ☐　make dinner ☐　take out ☐

① 함께　　　　　　② 엉망진창　　③ 먹이를 주다　④ 일어나다　⑤ 생활
⑥ 저녁 식사를 준비하다　⑦ 빨리　　　⑧ 데리고 나가다　⑨ 마당, 뜰　⑩ 숙제

B 문제를 읽고 알맞은 답을 찾아보세요.

1 What time does William get up?

　　a 6:00 AM　　　　　**b** 7:00 AM　　　　　**c** 9:00 AM

2 What is NOT true about William after lunch?

　　a He plays with his friends.　　　　**b** He takes a nap for a while.

　　c He feeds the animals at the mini farm.

3 After school, what does William do first?

　　a play with all his pets with Jade　　　**b** do his homework

　　c take the dogs out for a walk

4 Who prepares dinner?

　　a William's dad　　　**b** his grandma　　　**c** everyone

C 다음 문장을 읽고 William의 하루를 순서대로 번호를 쓰세요.

Everyone in his family sits around in the yard together.

William gets up at 6:00 AM and feeds the animals.

They do their homework together.

Abbie Gray is William's mom.
She loved animals very much when she was young.
Animals followed her around everywhere.
So she became a vet.

Abbie also loves yoga. She started doing yoga when she was in college, and she still does it every day.
In fact, she goes out to the park and practices yoga every morning.
First, she stands up and raises her hands.
Second, she bends her upper body down.
Third, she lies flat on her back.
Fourth, she lifts her hips up by pressing her feet. Fifth, she takes a few deep breaths, then slowly lowers her hips back to the starting position.
Last, she lies on her belly and lifts her whole body up a little.

Abbie has a very busy life with work and her family.
Health is very important to her, and yoga helps her stay healthy.

Warm up

- Tell me about your mom. Does she love animals or nature?
- What does she do first thing in the morning?

MP3 & PDF_13

A 알맞은 단어의 뜻을 찾아보세요.

follow ☐	everywhere ☐	stand up ☐	raise ☐	bend ☐
lie flat ☐	breath ☐	belly ☐	vet ☐	stretch ☐

① 서다　　　② 수의사　　　③ 펴다　　　④ 숨, 호흡　　　⑤ 구부리다

⑥ 반듯이 눕다　　⑦ 따라가다　　⑧ 어디나　　⑨ (손 등을) 들다　　⑩ 배

B 문제를 읽고 알맞은 답을 찾아보세요.

1 What is Abbie's job?

    a a farmer　　　　　**b** a vet　　　　　**c** a teacher

2 What is NOT true about Abbie when she was young?

    a She loved animals very much.

    b Animals followed her around everywhere.

    c She wanted to be a dentist.

3 When did Abbie start doing yoga?

    a in elementary school　　　**b** in college　　　**c** in middle school

4 Where does Abbie go for yoga every morning?

    a to the park　　　　**b** to the gym　　　　**c** at home

C 다음 문장을 읽고 Abbie가 아침에 요가를 하는 순서대로 번호를 쓰세요.

She bends her upper body down.

She lifts her hips up by pressing her feet.

She stands up and raises her hands.

Abbie starts her day with yoga.

She has her morning coffee at 5:00 AM.

Then she goes into the field near her house, and practices yoga with her animal friends.

Then she leaves the house at 7:30.

Every day is a busy day for Abbie.

She always has many appointments.

Many animals are waiting for her at her veterinary clinic.

Most of the animals in her clinic are difficult to handle at first.

Some animals scream during examination.

Some animals try to run away from the check-up room when Abbie tries to give injections.

Some animals run around in the lobby out of curiosity.

However, Abbie never gets surprised or angry.

She uses soft tones and a quiet voice when she talks to the animals.

This calm manner helps her control her patients.

Abbie's clinic is always busy, but all the animals get the best treatment from Abbie.

Warm up

- What time does your mom start her day?

- What is her favorite thing to do?

MP3 & PDF_14

A 알맞은 단어의 뜻을 찾아보세요.

patient [　] veterinary clinic [　] injection [　] check-up [　] scream [　]
run around [　] examination [　] handle [　] curiosity [　] surprised [　]

① 놀란　② 다루다　③ 환자　④ 동물병원　⑤ 검사
⑥ 주사　⑦ 소리 지르다　⑧ 검진　⑨ 호기심　⑩ 뛰어다니다

B 문제를 읽고 알맞은 답을 찾아보세요.

1 What does Abbie drink in the morning?

　a coffee　**b** tea　**c** water

2 Where does Abbie work?

　a at the bank　**b** at the farm　**c** at the veterinary clinic

3 What is waiting for Abbie at the vet?

　a animals　**b** children　**c** old people

4 What is NOT true about the animals at the vet?

　a Some animals run away from the check-up room.

　b Some animals run around in the lobby out of curiosity.

　c Some animals become silent during examination.

C 다음 문장을 읽고 Abbie의 하루를 순서대로 번호를 쓰세요.

All the animals get the best treatment from Abbie.

Abbie starts her day with yoga.

She leaves the house at 7:30.

37

Liam Gray is William's dad and he is a farmer.
But he was a marketer when he lived in the city.
In fact, he was a very famous marketer when he was younger.

He knows how to design and make websites.
He is very good at using design programs, and he can make characters and draw pictures on the computer.
He can also take great photos.

Thanks to his skills, Liam opened an online shop.
He is selling all his fruits and vegetables there.
He is selling his friends' farm products, too.

He will invite farmers in town in the near future.
He will tell them about the online shop.
Then they will be able to sell their fruits and vegetables with Liam.
Liam is a very talented and good man.
He always tries new things and shares his success with his neighbors.

Warm up

- What does your dad do?
- What is your dad good at?
- What does he usually do at home?

MP3 & PDF_15

A 알맞은 단어의 뜻을 찾아보세요.

marketer [ ] design [ ] website [ ] be good at [ ] character [ ]
share [ ] skill [ ] success [ ] farm product [ ] talented [ ]

① 웹사이트　　② ~을 잘하다　　③ 공유하다　　④ 재능이 있는　　⑤ 성공
⑥ 마케터　　⑦ 등장인물　　⑧ 디자인하다　　⑨ 기술　　⑩ 농작물

B 문제를 읽고 알맞은 답을 찾아보세요.

1 What was Liam's job when he was younger?

　a a farmer　　　　**b** a designer　　　　**c** a marketer

2 What is NOT true about Liam's skills?

　a He is good at using design programs.

　b He makes characters and draws pictures on the computer.

　c He can design buildings.

3 What is Liam NOT selling on his online shop?

　a fish　　　　**b** fruits　　　　**c** vegetables

4 Who will Liam invite in the near future?

　a friends　　　　**b** farmers in town　　　　**c** relatives

C 다음 이야기를 읽고 빈칸을 채워보세요.

<보기>　online　marketer　draw　design　invite　characters

Main Idea	Liam Gray
Job	He is a farmer. But he was a famous _____ when he was younger.
Skills	He knows how to _____ and make websites. He is very good at using design programs, and he can make _____ and _____ pictures on the computer.
Future plan	He will _____ farmers in town and tell them about the _____ shop.

Liam Gray is a busy farmer and a businessman.
He grows fruits and vegetables.
Then he sells them to the Farmer's Market and on his online shop.
It is very difficult to grow nice and healthy fruits and vegetables.

In the spring, Liam plants seeds.
In the summer, he takes care of weeds.
He picks melons and watermelons and sells them.
It gets very hot during the day.
So he goes home and studies about farming and takes care of the online business.
He learns new skills to sell fruits and vegetables online.

In the fall, he harvests vegetables and persimmons.
In the winter, he prepares the land for the next season.
He picks tangerines and sells them in late winter.

Liam and his friends work very hard every day.
Thanks to farmers like Liam, people can have healthy fruits and vegetables.

Warm up

- Do you know what your dad does at work?
- What is he not very good at?
- What makes you proud of your dad?

MP3 & PDF_16

A 알맞은 단어의 뜻을 찾아보세요.

watermelon ⬚ businessman ⬚ healthy ⬚ plant seeds ⬚ pick ⬚
go home ⬚ persimmon ⬚ tangerine ⬚ thanks to ⬚ land ⬚

① 씨를 심다 ② 수박 ③ 따다 ④ 건강에 좋은 ⑤ 사업가
⑥ 감 ⑦ 귤 ⑧ 집에 가다 ⑨ ~ 덕분에 ⑩ 땅

B 문제를 읽고 알맞은 답을 찾아보세요.

1 What is NOT Liam's job?

a a farmer **b** a scientist **c** a businessman

2 Where does Liam sell his fruits and vegetables?

a to the flea market **b** to the farmer's market **c** to the fish market

3 What does Liam do in the spring?

a He plants seeds.

b He takes care of weeds.

c He harvests vegetables and persimmons.

4 What kind of fruits does he pick in the winter?

a melons **b** watermelons **c** tangerines

C 다음 문장을 읽고 Liam이 일 년 동안 하는 일을 순서대로 번호를 쓰세요.

He plants seeds.

He harvests vegetables and persimmons.

He picks melons and watermelons.

Jade Gray is William's big sister.

She is a high school student.

She is also a teenage girl.

Jade likes to talk with her friends by text.

So she usually texts them even when she is with them.

She likes to look at her cell phone while she eats and watches TV.

She likes to carry her cell phone around all the time.

But her parents do not want her to use her cell phone so much.

Jade is also a big fan of girl groups.

She likes to watch music videos and sing along with their songs.

She also likes to follow their fashion and make-up.

She loves to go to their concerts.

She can remember everyone's birthdays in the girl groups she follows.

But she cannot remember her grandparents' birthdays.

And that makes her parents sad.

Warm up

- How old is your sister?
- What is your sister favorite thing to do?

MP3 & PDF_17

A 알맞은 단어의 뜻을 찾아보세요.

> teenage ☐ look at ☐ carry ☐ cell phone ☐ high school ☐
> sing along ☐ make-up ☐ text ☐ go to a concert ☐ remember ☐

① 문자를 보내다　② 가지고 다니다　③ 휴대전화　④ ~을 보다　⑤ 10대의
⑥ 고등학교　⑦ 콘서트에 가다　⑧ 기억하다　⑨ 화장　⑩ 노래를 따라 부르다

B 문제를 읽고 알맞은 답을 찾아보세요.

1 What kind of student is Jade ?

　a a middle school student　　**b** a high school student　　**c** a college student

2 How does Jade stay in touch with her friends?

　a by calling them on her phone　**b** by meeting them in person　**c** by text

3 Who is Jade a big fan of?

　a boy groups　　　　　**b** girl groups　　　　　**c** rock bands

4 Why are Jade's parents sad?

　a Because Jade loves to go to the concerts.

　b Because Jade cannot remember her grandparents' birthdays.

　c Because Jade likes to follow the fashion and make-up of girl groups.

C 다음 이야기를 읽고 빈칸을 채워보세요.

> <보기>　sing　text　sister　carry　look　student　fan

Main Idea	Jade Gray
Jade Gray	Jade Gray is William's big _____ and a high school _____ .
Cell phone	Jade likes to talk with her friends by _____ . She likes to _____ at her cell phone. She likes to _____ her cell phone around all the time.
Girl groups	She is also a big _____ of girl groups. She likes to watch music videos and _____ along with their songs.

Jade has a school festival at her school this month.
Jade will perform a dance with some of her friends there.
She will be very busy because she has to prepare for the performance.

The festival is an exciting event.
Many students will prepare many things.
Students will open some food booths for the festival.
They will have a Tteokbokki booth and a Dalgona booth.
They will have a face-painting booth and a talent show.
Students will get excited about all the games at the festival.

A famous girl group is coming to school for the festival.
Everybody is so excited, especially Jade.
She talks about it every day.

Jade will be very tired because she will be really busy during the festival.
But she will enjoy it a lot and make good memories with her friends at the festival.

Warm up

- What is your sister's favorite food?

- Who is your sister's favorite singer?

- What is your sister good at?

MP3 & PDF_18

A 알맞은 단어의 뜻을 찾아보세요.

school festival ☐ enjoy ☐ famous ☐ exciting ☐ booth ☐
event ☐ performance ☐ talent show ☐ tired ☐ memory ☐

① 공연   ② 유명한   ③ 부스   ④ 학교 축제   ⑤ 신나는
⑥ 장기자랑   ⑦ 피곤한   ⑧ 행사   ⑨ 기억, 추억   ⑩ 즐기다

B 문제를 읽고 알맞은 답을 찾아보세요.

1 What event does Jade have at her school this month?

   a a field trip   **b** a school festival   **c** a sports day

2 What will Jade do at her school festival?

   a sing along   **b** perform a dance   **c** do a play

3 What is NOT true about the school festival?

   a Students will have a parade.

   b Students will have a Tteokbokki booth and a Dalgona booth.

   c Students will have a face-painting booth.

4 Who is coming to school for the festival?

   a a girl group   **b** an actor   **c** a soccer player

C 다음 이야기를 읽고 빈칸을 채워보세요.

<보기> perform   enjoy   talent   prepare   coming   booths   tired

Main Idea	Jade's school festival
Jade's performance	Jade will _____ a dance with her friends. She will be busy because she has to _____ for the performance.
School festival	Students will have some food _____ , a face-painting booth and a _____ show. A famous girl group is _____ to school.
Jade's feelings	Jade will be very _____ because she will be really busy. But she will _____ it with her friends.

Warm up

- *What kind of pets do you have?*
- *What kind of food do you feed your pet?*
- *What is your pet's favorite food?*

William has two dogs, a rabbit, a chicken,
a duck, and a pig.
The two dogs are named Charlie and Max,
the rabbit is Daisy, the chicken is Lucy,
the duck is Jack and the pig is Apollo.

Apollo is a boy's name, but the pig is a girl.
She got a boy's name because she never acts like a girl.
Charlie and Max are like big brothers.
Daisy is like a real lady.
Apollo and Lucy are like naughty kids
and they always get into a lot of trouble.

They all like William the best.
William gives them food and plays with them.
They like Abbie too, because Abbie takes care of them
when they are sick.
When Abbie and William come home, Charlie and Max
wag their tails like helicopter blades, Daisy hops like a
kid in a bouncy castle and Lucy, Jack and Apollo run
like the wind to them!

MP3 & PDF_19

A 알맞은 단어의 뜻을 찾아보세요.

duck ⬜   never ⬜   real ⬜   naughty ⬜   get into trouble ⬜
a lot of ⬜   wag ⬜   helicopter ⬜   blade ⬜   hop ⬜

① 결코 ~이 아니다   ② 진짜의   ③ 말썽을 부리다   ④ 오리   ⑤ 버릇없는
⑥ 깡충깡충 뛰다   ⑦ 많은   ⑧ (꼬리를) 흔든다   ⑨ 헬리콥터   ⑩ 날, 날개깃

B 문제를 읽고 알맞은 답을 찾아보세요.

1 What pets does William NOT have?

  a a chicken   **b** a pig   **c** a racoon

2 What is NOT true about William's pets?

  a Apollo is a boy.   **b** Daisy is a rabbit.   **c** Jack is a duck.

3 Which pet is like a naughty kid?

  a the pig   **b** the rabbit   **c** the dog

4 Who do the pets like the best and why?

  a It's William because he gives them food.

  b It's Abbie because she plays with them.

  c It's Abbie because she takes care of them when they are sick.

C 다음 이야기를 읽고 빈칸을 채워보세요.

<보기>   lady   takes   girl   has   brothers   gives   naughty

Main Idea	William's pets
Pets	William _____ two dogs, a rabbit, a chicken, a duck, and a pig.
Character	The pig is a girl, but she never acts like a _____ . Charlie and Max are like big _____ . Daisy is like a real _____ . Apollo and Lucy are like _____ kids.
Abbie and William	They all like Abbie and William. William _____ them food and plays with them. Abbie _____ care of them when they are sick.

The Pets in William's house are early birds.
At 4:00 AM, everyone wakes up because Lucy
clucks, clucks, clucks very loudly.
Jack quacks, "Don't be so noisy! You mustn't cry so early!"
But Charlie and Max stay quiet and look at the other
animals.

When William brings their food to them around 6:30 AM,
Lucy starts to cluck, Jack continues to quack, Apollo oinks
and runs around, and Daisy starts to bounce around.
Charlie and Max start to jump around the living room.
William calms them down and says, "Sit! You mustn't
jump on me!"

All the pets sit by the door when William and
Abbie leave the house.
It looks like they are saying good-bye to them.
Charlie and Max stay there all morning.

Liam says, "You mustn't stay at the door.
Come in." Everybody stays around Liam until
William comes home.
Then everybody becomes full of energy again!

Warm up

- *What do you do with your
  pet every day?*

- *Which game does your pet
  love to play with you?*

- *Do you love going out with
  your pet?*

MP3 & PDF_20

A 알맞은 단어의 뜻을 찾아보세요.

early bird ☐ quack ☐ noisy ☐ mustn't ☐ cry ☐
cluck ☐ continue ☐ look like ☐ say good-bye ☐ full of ☐

① 작별인사를 하다 ② 꽥꽥거리다 ③ ~처럼 보이다 ④ 계속하다 ⑤ ~로 가득 찬
⑥ 아침 일찍 일어나는 사람 ⑦ 꼬꼬댁거리다 ⑧ ~해서는 안 된다 ⑨ 시끄러운 ⑩ 울부짖다

B 문제를 읽고 알맞은 답을 찾아보세요.

1 What time does Lucy wake everyone up?

   a 4:00 AM   **b** 6:30 AM   **c** 7:00 AM

2 What is true about Jacks' sounds?

   a He quacks.   **b** He clucks.   **c** He cock-a-doodle-dos.

3 Who brings their food around 6:30 AM?

   a Liam   **b** Jade   **c** William

4 What do Charlie and Max usually do after William leaves the house in the morning?

   a They jump around the living room.

   b They run around the house.

   c They stay around the door for the morning.

C 다음 문장을 읽고 William의 Pets의 하루를 순서대로 번호를 쓰세요.

William brings their food around 6:30 AM.

Everybody stays around Liam until William comes home.

At 4:00 AM, everyone wakes up because Lucy clucks, clucks, clucks very loudly.

A 일치하는 우리말 뜻을 찾아 쓰세요.

1 farm _____

2 feed _____

3 stretch _____

4 treat _____

5 marketer _____

6 watermelon _____

7 teenage _____

8 school festival _____

9 naughty _____

10 noisy _____

a. 수박

b. 펴다

c. 10대의

d. 치료하다

e. 버릇없는

f. 먹이를 주다

g. 시끄러운

h. 마케터

i. 학교 축제

j. 농장

B 반의어를 찾아 연결하세요.

1 interesting •   • finish

2 remember •   • boring

3 healthy •   • quiet

4 start •   • unhealthy

5 quickly •   • slowly

6 noisy •   • forget

C 단어를 골라 문장을 완성해보세요.

1   Every student can (grew / grow) vegetables.

2   William's school starts at 9:00 AM and (ends / end) at 3:30 PM.

3   (Second / Seconds), she bends her top body down.

4   Some animals try to (runs / run) away from the check-up room.

5   He (wills / will) invite farmers in town in the near future.

6   He (pick / picks) melons and watermelons and (sell / sells) them.

7   She likes to (carrys / carry) the mobile phone around all the time.

8   Many students will (prepared / prepare) many things.

9   Charlie and Max wag their tails (such / like) helicopter blades.

10 You (not must / must not) stay at the door.

D 알맞은 단어를 써서 문장을 완성해보세요.

for	make	to	do	into	stay	good	take

1   Every student can _____ care of the animals at the farm.

2   After school, William takes the dogs out _____ a walk.

3   After that, they _____ their homework together.

4   Health is very important to her, and yoga helps her _____ healthy.

5   They always get _____ a lot of trouble.

6   He is very _____ at using design programs.

7   She loves to go _____ their concerts.

8   She will _____ good memories with her friends at the festival.

Unit 21 My Lovely Bedroom

There are many things in Lily's bedroom.
In her bedroom, she has a bed, a desk, and bookshelves with many books.
There are small windows with curtains on one wall.
There is a closet with many pretty clothes.

Lily can do many things in her bedroom.
She can sleep or get some rest on her bed.
She can do her homework at her desk.
She can keep her clothes in her closet.

What is so special about Lily's bedroom?
In her bedroom, there is a drawing of a rainbow and clouds on the ceiling.
It looks like the sky when she lies on her bed.
There is also a huge pink beanbag in one corner.
It is very comfortable when she reads.
Her bedroom is a study and a resting place at the same time.
She really loves her bedroom.

Warm up

- What things are there in your bedroom?
- What color is your bedroom?
- Do you like your bedroom? Why or why not?

MP3 & PDF_21

A 알맞은 단어의 뜻을 찾아보세요.

beanbag ☐ bookshelf ☐ clothes ☐ closet ☐ drawing ☐
rest ☐ keep ☐ ceiling ☐ study ☐ cloud ☐

① 옷   ② 빈백 의자(오자미)   ③ 옷장   ④ 휴식   ⑤ 책장
⑥ 서재   ⑦ 천장   ⑧ 보관하다   ⑨ 구름   ⑩ 그림

B 문제를 읽고 알맞은 답을 찾아보세요.

1 What thing is NOT in Lily's bedroom?

   a a closet   **b** a desk   **c** a sofa

2 What can't Lily do in the bedroom?

   a wash the dishes   **b** do her homework   **c** sleep on her bed

3 What is NOT true about Lily's windows?

   a They are on one wall.   **b** They are with curtains.   **c** They are very big.

4 Why is Lily's room so special?

   a There is a drawing of a rainbow and clouds on the ceiling.

   b There is a big desk in one corner.

   c There is a huge sofa on one side of the walls.

C 다음 이야기를 읽고 빈칸을 채워보세요.

<보기>   bookshelves   windows   sleep   get   keep   rainbow

Main Idea	Lily's lovely bedroom
Things 1	In Lily's bedroom, there is a bed, a desk, and _____ . There are small _____ and a closet, too.
Doing	She can _____ or _____ some rest on her bed. She can do her homework at her desk and _____ her clothes in her closet.
Things 2	There is a drawing of a _____ and clouds on the ceiling.

Unit 22 Our Cool Kitchen

Warm up

- Do you like cooking? Why or why not?
- Who usually cooks in your house?
- What do you usually eat for breakfast?

Lily's family has a very cool kitchen.
They have many cool things in the kitchen.

They have two big ovens and a TV on the wall by the kitchen table. They watch it when they eat alone.
They have many drawers and cupboards for storage.
In the center, there is a big kitchen island with a gas stove and a sink.
They can prepare their meals there while they chat.

Lily likes to make meals for the family.
It's usually a simple meal like peanut butter sandwiches or toast with strawberry jam.
But sometimes she makes bread pizza.
First, she puts bread on an oven tray.
Then she spreads tomato sauce on the bread, adds ham slices, sprinkles cheese on top, and puts it in the oven.
Everyone enjoys Lily's pizza, and everyone enjoys the time together in their kitchen.

MP3 & PDF_22

A 알맞은 단어의 뜻을 찾아보세요.

| cool ☐ | tray ☐ | oven ☐ | cupboard ☐ | storage ☐ |
| meal ☐ | spread ☐ | peanut butter ☐ | gas stove ☐ | sprinkle ☐ |

① 쟁반　　②찬장　　③멋있는　　④보관　　⑤오븐
⑥ 땅콩버터　　⑦(얇게) 바르다　　⑧뿌리다　　⑨식사　　⑩가스레인지

B 문제를 읽고 알맞은 답을 찾아보세요.

1 What is by the kitchen table?

　a a sink　　　　　b a gas stove　　　　　c a TV

2 What does Lily's family use for storage?

　a drawers and cupboards　　　b a sink　　　　　c a gas stove

3 What kind of food does Lily make for her family?

　a tuna sandwiches　　　b tomato spaghetti　　　c bread pizza

4 What is true about Lily and Lily's family?

　a Lily doesn't like to make meals for the family.

　b They watch TV when they eat alone.

　c They hate Lily's pizza.

C 다음 문장을 읽고 Lily가 bread pizza를 만드는 방법을 순서대로 번호를 쓰세요.

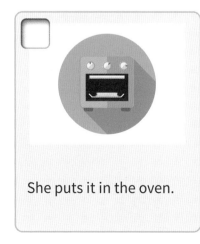

She puts it in the oven.

She puts bread on an oven tray.

She spreads tomato sauce on the bread, adds ham slices, and sprinkles cheese on top.

Olivia spends a lot of time in the bathroom.
She puts on make-up and does her hair.
She sings when she has a long bath or shower.
She sometimes reads in the bathroom.
Olivia can think of good ideas when she is in the bathroom.
That's because the bathroom is so quiet
and everybody leaves her alone when she is in there.

There are some problems with the bathroom.
Olivia thinks the bathroom is too cold, dark, and very old.
She is not happy with it.

Olivia is going to decorate her bathroom.
She's going to get a new bathtub, a new shower, a new basin, and a new bathroom cabinet.
Everything is going to be new, warm, brighter and more comfortable.
She is so excited to have a new bathroom.
She can't wait to see it.

Warm up

- *What things are there in your bathroom?*
- *What do you do in the bathroom?*
- *Do you like your bathroom?*

MP3 & PDF_23

A 알맞은 단어의 뜻을 찾아보세요.

| have a bath ☐ | have a shower ☐ | think of ☐ | bathtub ☐ | dark ☐ |
| comfortable ☐ | leave alone ☐ | problem ☐ | decorate ☐ | basin ☐ |

① ~가 생각나다   ② 가만히 놔두다   ③ 문제   ④ 샤워를 하다   ⑤ 욕조 목욕을 하다
⑥ 꾸미다   ⑦ 편안한   ⑧ 세면기   ⑨ 어두운   ⑩ 욕조

B 문제를 읽고 알맞은 답을 찾아보세요.

1 What does Olivia NOT do in the bathroom?

   a put on make-up   **b** have a long bath   **c** talk on the phone

2 What is the problem with Olivia's bathroom?

   a too warm   **b** too cold   **c** too big

3 What is Olivia going to do?

   a clean her bathroom   **b** decorate her bathroom   **c** move to a new apartment

4 How does Olivia feel about the new bathroom?

   a excited   **b** angry   **c** sad

C 다음 이야기를 읽고 빈칸을 채워보세요.

| <보기> | puts   leaves   thinks   problems   decorate   bathtub   cold |

Main Idea	Olivia's comfortable bathroom
Things to do in the bathroom	She _____ on make-up and does her hair. She sings, reads, and _____ of good ideas because everybody _____ her alone.
A problem with bathroom	There are some _____ with the bathroom. She thinks the bathroom is too _____ and old.
The new bathroom	Olivia is going to _____ her bathroom. She's going to get a new _____ , a new shower, a new basin, and a new bathroom cabinet.

Warm up

- Do you want to have a large or small living room? Why?
- What things are there in your living room?
- What is your favorite place in your living room?

Liam's living room is huge.
He needs a big living room because he often has parties there.
He has a giant TV, so he can watch soccer games with his neighbors sometimes.

The floor is very dark in the living room, so it doesn't show footprints when the pets come in with dirty feet from the garden.
There is a big striped rug next to the couch.
There is a big round wooden table on the rug.
Liam really likes that table.

Liam bought the big couch so many people can sit there.
But his pets sit on the couch and there is no space for people.
Liam sometimes shouts at his pets, "Get down!"
But they never get down.
Liam is mostly happy with the living room except for the animal couch.
He wants his couch back!

MP3 & PDF_24

A 알맞은 단어의 뜻을 찾아보세요.

often ☐	giant ☐	neighbor ☐	floor ☐	footprint ☐
striped ☐	couch ☐	wooden ☐	space ☐	get down ☐

① 거인, 거대한   ② 바닥   ③ 자주   ④ 발자국   ⑤ 이웃
⑥ 나무로 된   ⑦ 줄무늬의   ⑧ 소파   ⑨ 내려가다   ⑩ 공간

B 문제를 읽고 알맞은 답을 찾아보세요.

1 Why does Liam need a big living room?

    a Because he often has parties there.   **b** Because he often exercises there.

    c Because he often works there.

2 Why is the floor dark in the living room?

    a Because it is Liam's favorite color.

    b Because Liam doesn't need to clean often.

    c Because it doesn't show his pets' footprints.

3 What is on the rug?

    a a round lamp   **b** a wooden table   **c** a round vase

4 What is NOT true about Liam's living room?

    a Liam bought the big couch.   **b** His pets never sit on the couch.

    c Liam is mostly happy with the living room.

C 다음 이야기를 읽고 빈칸을 채워보세요.

<보기> often	floor	wooden	striped	big

Main Idea	Liam's big living room
A huge living room	Liam needs a _____ living room because he _____ has parties there.
Things in the living room	The _____ is very dark. There is a big _____ rug and a big _____ table on the rug.

59

Abbie has a big and beautiful garden.
Every spring, she goes to the florist and gets new plants.
Then she replaces some plants with the new plants.

7 years ago, she had plants and trees everywhere in her old garden, before all her pets came to Abbie's house.
It looked beautiful but there was no space for her pets.

Since her pets came, many things have changed.
All the trees and plants were in the center of the garden.
She worked very hard for two months.
Now, all the trees and plants are on the side of the garden.

Her pets couldn't play in the garden 7 years ago.
But now they play in the garden all the time.
The pets play in the center and the plants surround them.
The beautiful garden and her happy pets make Abbie smile all the time.

Warm up

- Have you ever planted your own plants?
- What kind of plants do you grow?
- How often do you water the plants?

MP3 & PDF_25

A 알맞은 단어의 뜻을 찾아보세요.

> garden ☐   every ☐   florist ☐   surround ☐   all the time ☐
>
> ago ☐   plant ☐   since ☐   in the center of ☐   replace ☐

① 매 ~, ~마다   ② ~ 전에   ③ 둘러싸다   ④ 꽃집 주인   ⑤ 정원
⑥ ~의 중앙에   ⑦ 교체하다   ⑧ ~ 이후로   ⑨ 항상   ⑩ 심다

B 문제를 읽고 알맞은 답을 찾아보세요.

1 When does Abbie replace her old plants with new plants?

  a every winter   **b** every spring   **c** every summer

2 When did Abbie's pets come to her house?

  a 5 years ago   **b** 6 years ago   **c** 7 years ago

3 Where are all the trees and plants in the Abbie's garden now?

  a in the center   **b** on the side   **c** everywhere

4 What is NOT true about Abbie's new garden?

  a Her pets play in the garden all the time.

  b She changes the bench every spring.

  c The beautiful garden and her pets always make Abbie smile.

C 다음 이야기를 읽고 Abbie's garden의 7년 전과 현재를 비교하는 내용에 빈칸을 채워보세요.

> <보기>   plants   trees   all the time   everywhere   garden   couldn't   side

7 years ago	Now
She had _____ and trees _____ in the garden.	All the _____ and plants are on the _____ of the _____ .
Her pets _____ play in the garden.	Her pets play in the garden _____ .

61

Warm up

- Is there a basement in your house?
- How do you use the basement?

William has a secret room in his basement.
At first, his family used it for storage.
One day, William asked his parents,
"Can I use the basement?"
His parents said, "Sure!"

William found some old curtains and put them around the walls.
He got a very big piece of white paper and put it on one side of the wall.
Then he brought some beanbag chairs down from his room and laid them on the floor.
He took his dad's old beam projector from his home office, and stuck it on the ceiling.

It was a home cinema.
William told his family about his cinema.
Everyone came down to the basement cinema.
Everyone was amazed when they saw William's work.
They sat on the comfortable beanbag chairs and William turned the beam projector on.
Everyone watched a movie and they all enjoyed their home cinema. William was very pleased.

MP3 & PDF_26

A 알맞은 단어의 뜻을 찾아보세요.

secret ⬚ find ⬚ basement ⬚ come down ⬚ stick ⬚
cinema ⬚ lay ⬚ amazed ⬚ turn on ⬚ pleased ⬚

① 발견하다   ② 놓다   ③ 박다, 붙이다   ④ 지하실   ⑤ 비밀
⑥ 켜다   ⑦ 영화, 영화관   ⑧ 내려오다   ⑨ 기쁜   ⑩ 놀란

B 문제를 읽고 알맞은 답을 찾아보세요.

1 What is William's secret room for?

   a watching movies   **b** studying   **c** exercising

2 What did William NOT do when he decorated his secret room?

   a He put old curtains around the walls.

   b He brought some wooden chairs down from his room.

   c He stuck old beam projector on the ceiling.

3 Where did William take the beam projector from?

   a his mom's office   **b** his uncle's house   **c** his dad's home office

4 What did William's family do in the basement cinema?

   a have a party with his neighbors   **b** have a meeting with his family

   c watch a movie together

C 다음 문장을 읽고 basement cinema를 꾸민 방법을 순서대로 번호를 쓰세요.

He brought some beanbag chairs and laid them on the floor.

He found some curtains and put them around the walls.

He took his dad's old beam projector and stuck it on the ceiling.

Unit 27 Jade's Attic

Jade got envious when she heard about the basement cinema.

She begged her parents, "Can I have the attic?"

Her parents nodded and said, "Of course!"

Jade cleaned the attic first.

After that, she painted all the walls and the ceiling with white paint. Jade's family joined her and helped her paint the attic.

Everyone was very surprised and said, "How nice! It looks fantastic!"

She moved a small TV, two old tables, a sofa, and some chairs to the attic from the garage.

Then she borrowed all the bed covers from her mom, and covered the sofa and the chairs.

Jade invited her friends to her attic one day when she finished decorating it.

Jade's mom baked a cake for the girls, and they enjoyed it.

They chatted for a long time in the attic.

Jade was very pleased with her work!

Warm up

- Do you have an attic in your house?
- Can you describe your attic?
- Do you like the attic? Why?

MP3 & PDF_27

A 알맞은 단어의 뜻을 찾아보세요.

attic [   ]   beg [   ]   nod [   ]   clean [   ]   paint [   ]

join [   ]   envious [   ]   borrow [   ]   cover [   ]   bake [   ]

① 애원하다   ② 끄덕이다   ③ 페인트칠을 하다   ④ 다락방   ⑤ 청소하다

⑥ (음식을) 굽다   ⑦ 빌리다   ⑧ 덮다   ⑨ 부러워하는   ⑩ 합류하다

B 문제를 읽고 알맞은 답을 찾아보세요.

1 How did Jade feel when she heard about the basement cinema?

  a envious   **b** very happy   **c** pleased

2 What did Jade do first when she had the attic?

  a clean the attic   **b** paint the walls   **c** move a small TV

3 Who joined her when Jade painted?

  a her family   **b** her friends   **c** her neighbors

4 What is true when Jade invited her friends to her attic?

  a Jade cleaned the attic with her friends.

  b Jade's mom made sandwiches for the girls.

  c Jade and her friends chatted for a long time.

C 다음 문장을 읽고 Jade가 attic을 꾸미는 방법을 순서대로 번호를 쓰세요.

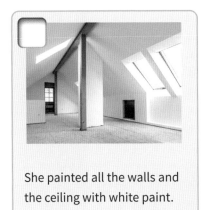

She painted all the walls and the ceiling with white paint.

She borrowed all the bed covers and covered the sofa and the chairs.

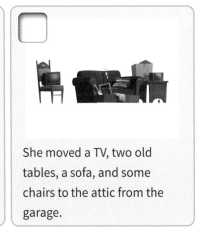

She moved a TV, two old tables, a sofa, and some chairs to the attic from the garage.

Unit 28 Eliot's Balcony

Warm up

- Do you have a balcony in your house?

- What things are there in the balcony?

- Is a balcony important to you?

Eliot has a balcony garden.
A typical balcony in an apartment is made of concrete, with concrete walls and concrete floors. But Eliot's balcony is a little different and here is how.

Eliot put some wooden tiles on the floor.
It looks much better and is warmer than the concrete floor. Then he put a big wooden frame on a wall and added some hanging plants.
He also put many seasonal flowers and big plant pots around the balcony.
He put a hanging chair in a corner and a small table with chairs in the center.

Eliot didn't like reading before.
But now, he loves reading because of his balcony garden!
He sits at the table or in the hanging chair and reads day and night! The pets like to sit there, too.
They sit and look outside while they enjoy the sun.
It is a beautiful balcony garden.

MP3 & PDF_28

A 알맞은 단어의 뜻을 찾아보세요.

frame ⬚ typical ⬚ apartment ⬚ be made of ⬚ corner ⬚
day and night ⬚ hanging ⬚ seasonal ⬚ plant pot ⬚ concrete ⬚

① 구석   ② 아파트   ③ 밤낮으로   ④ 전형적인   ⑤ ~로 만들어지다
⑥ 화분   ⑦ 콘크리트   ⑧ 틀   ⑨ 매달린, 벽걸이의   ⑩ 계절에 따라 다른

B 문제를 읽고 알맞은 답을 찾아보세요.

1 What is a typical balcony in an apartment made of?

a wood   **b** concrete   **c** tile

2 Why did Eliot put some wooden tiles on the floor?

a They make the floor look brighter.   **b** They make the floor stronger.

c They make the floor look better and warmer.

3 Where is the small table with chairs?

a in the middle   **b** in a corner   **c** next to the door

4 What is NOT true about the balcony garden?

a Eliot loves reading because of the balcony garden.

b The pets don't like to sit in the balcony garden.

c The pets sit and look outside while they enjoy the sun.

C 다음 이야기를 읽고 빈칸을 채워보세요.

<보기>   reading   balcony   frame   wooden   hanging   outside

Main Idea	Eliot's balcony garden
Balcony	Eliot's _____ is a little different.
Things	Eliot put some _____ tiles on the floor. Then he put a big wooden _____ on a wall and added some _____ plants.
Doing	Eliot loves _____ because of the balcony garden. The pets sit and look _____ while they enjoy the sun.

A pantry is a storage room.
People usually store groceries in the pantry.
There is a very big pantry in William's house.
It is for the family and the pets, so it needs to be big.

William's family does the grocery shopping and stores the groceries in the pantry.
They buy many things like rice, noodles, cereals, cookies, pasta sauce, toilet paper, and so on.
They also buy food and treats for their pets.

Charlie and Max, the two dogs, know about the pantry.
Sometimes they go in the pantry and look for their food.
They dig in the food bag and eat their food and treats.
They often make a big mess while they eat.
Sometimes they take the other pets to the pantry, and everybody enjoys the food on the shelves.
Charlie and Max are being bad boys.
They will be in big trouble soon!

Warm up

- How often do you shop?
- Where do you store them?
- Do you have the pantry?

MP3 & PDF_29

A 알맞은 단어의 뜻을 찾아보세요.

> pantry ⬜ store ⬜ dig ⬜ look for ⬜ toilet paper ⬜
> and so on ⬜ treat ⬜ grocery ⬜ shelf ⬜ in trouble ⬜

① 저장하다　② 식료품　③ 화장실 휴지　④ 식료품 저장실　⑤ ~을 찾다
⑥ 곤경에 빠져서　⑦ 파헤치다　⑧ 선반　⑨ 기타 등등　⑩ 간식

B 문제를 읽고 알맞은 답을 찾아보세요.

1 What is a pantry?

　a a bathroom　　**b** a storage room　　**c** a kitchen

2 What does William's family NOT store in the pantry?

　a food　　**b** treats　　**c** shoes

3 What is William's pantry like?

　a very big　　**b** too small　　**c** too high

4 What is NOT true about the two dogs?

　a They dig in the food bags and eat their treats.　**b** They know about the pantry.

　c They don't take the other pets to the pantry.

C 다음 이야기를 읽고 빈칸을 채워보세요.

> <보기>　treats　pantry　know　take　pets　bad　big　go

Main Idea	The pets' pantry
Pantry	William has a _____ in his house. It is very _____ . It is for the family and the _____, so it needs to be big.
Things	William's family buys food and _____ for their pets.
Pets	The two dogs _____ about the pantry. They _____ in the pantry and eat their food and treats. Sometimes they _____ the other pets to the pantry. They are being _____ boys.

Warm up

- How big is your laundry room?
- What things are in the laundry room?
- What chores are your responsibility?

There is a laundry room in Kevin's house. Laundry rooms in most houses or apartments are small these days, but Kevin's laundry room is very big and neat!

In Kevin's laundry room, there is a washing machine, a dryer, and a cabinet next to them. Kevin's family keeps the laundry detergent in the cabinet. Above it, there is a clothes rack and you can hang clothes on it. There is a closet next to the cabinet. Next to the closet, there are shelves and drawers. You can keep many different things in Kevin's laundry room.

In Kevin's family, everyone shares the house chores. Kevin is the laundryman but he is not very good at it. He keeps mixing colored and white clothes, and staining the clothes. He sometimes washes clothes in very hot water and shrinks them. Kevin is a terrible laundryman but he keeps trying!

MP3 & PDF_30

A 알맞은 단어의 뜻을 찾아보세요.

laundry room ⬚   neat ⬚   dryer ⬚   washing machine ⬚   cabinet ⬚
laundry detergent ⬚   shrink ⬚   drawer ⬚   house chore ⬚   terrible ⬚

① 깔끔한   ② 세탁실   ③ 세탁기   ④ 보관장   ⑤ 건조기
⑥ 줄어들게 하다   ⑦ 서랍   ⑧ 세탁용 세제   ⑨ 형편없는   ⑩ 집안일

B 문제를 읽고 알맞은 답을 찾아보세요.

1 What is Kevin's laundry room like?

   a small and dirty   **b** big and neat   **c** big and dirty

2 What thing is there in Kevin's laundry room?

   a a vacuum cleaner   **b** a refrigerator   **c** a dryer

3 Who is responsible for laundry in Kevin's family?

   a Kevin's mom   **b** Kevin's dad   **c** Kevin

4 What is NOT true about Kevin's laundry room?

   a a They can make shelves and drawers there.   **b** They can hang clothes there.

   c They can keep the laundry detergent in the cabinet.

C 다음 이야기를 읽고 빈칸을 채워보세요.

<보기>   machine   neat   rack   washes   cabinet   terrible

Main Idea	Kevin's laundry room
Kevin's big laundry room	Kevin's laundry room is very big and _____ .
Things in the laundry room	There is a washing _____ , a dryer, and a cabinet next to them. There is a clothes _____ and a closet next to the _____ .
A terrible laundryman	Kevin sometimes _____ clothes in very hot water and shrinks them. He is a _____ laundryman.

Vocabulary Review 3

A 일치하는 우리말 뜻을 찾아 쓰세요.

1 keep _____

2 cool _____

3 bathtub _____

4 striped _____

5 garden _____

6 basement _____

7 hanging _____

8 grocery _____

9 laundry detergent _____

10 attic _____

a.	멋있는
b.	욕조
c.	정원
d.	줄무늬의
e.	보관하다
f.	매달린
g.	지하실
h.	다락방
i.	세탁용 세제
j.	식료품

B 반의어를 찾아 연결하세요.

1 comfortable •   • bright

2 borrow •   • uncomfortable

3 outside •   • lend

4 giant •   • messy

5 dark •   • Inside

6 neat •   • small

C 단어를 골라 문장을 완성해보세요.

1   There (are / is) a closet with many pretty clothes.

2   Lily likes to (make / put) meals for the family.

3   Olivia is going to (decorate /decorating) her bathroom.

4   There is a big round (wooded / wooden) table on the rug.

5   She worked very hard (ago / for) two months.

6   Everyone was amazed when they (see / saw) William's work.

7   Jade (invites / invited) her friends to her attic one day when she finished decorating it.

8   The pets sit and look outside while (it / they) enjoy the sun.

9   Sometimes they go in the pantry and (know / look) for their food.

10 Above it, there is a clothes rack and you can hang clothes (in / on) it.

D 알맞은 단어를 써서 문장을 완성해보세요.

| alone   time   rest   get   washing   turned   puts   made |

1   She can sleep or get some _____ on her bed.

2   First, she _____ bread on an oven tray.

3   Everybody leaves her _____ when she is in there.

4   Liam sometimes shouts at the animals, " _____ down!"

5   They play in the garden all the _____.

6   William _____ the beam projector on.

7   A typical balcony in an apartment is _____ of concrete.

8   There is a _____ machine, a dryer, and a cabinet next to them.

William's furniture is very special.

It is much more special than his friends' furniture.

Liam, William's dad, is very good at making furniture.

So he made all of the furniture by himself.

They call him "Furniture Master."

Liam made all of his family's beds and couches.

They are more comfortable than the ones from the stores. He also made cabinets, drawers, and bookshelves for storage.

They are more spacious than the ones from the stores.

His furniture is also more decorative.

The TV cabinet and the kitchen cabinet look much better than the ones from the stores.

The best one is his garden furniture.

The family often have parties in their garden.

They sit around on Liam's furniture and cook meat. His outdoor furniture is very strong and easy to use. He is the best furniture master ever!

Warm up

- What furniture is there in your house?
- Do you have any special furniture?
- Why is it special ?

MP3 & PDF_31

A 알맞은 단어의 뜻을 찾아보세요.

handmade ☐ furniture ☐ by oneself ☐ best ☐ outdoor ☐
meat ☐ decorative ☐ sit around ☐ spacious ☐ special ☐

① 가구 ② 고기 ③ 최고의 ④ 수제의 ⑤ 직접
⑥ 둘러앉다 ⑦ 특별한 ⑧ 넓찍한 ⑨ 야외의 ⑩ 장식용의

B 문제를 읽고 알맞은 답을 찾아보세요.

1 What do people call Liam?

  a Master Chef   **b** Furniture Maker   **c** Furniture Master

2 What furniture did Liam NOT make?

  a beds and couches   **b** tables and hangers   **c** cabinets and drawers

3 What is NOT true about Liam's furniture?

  a They are more comfortable.   **b** They look much better.
  c They are more expensive.

4 What is the best furniture in his family?

  a garden furniture   **b** storage furniture   **c** living furniture

C 다음 이야기를 읽고 빈칸을 채워보세요.

<보기> making storage master handmade best couches garden

Main Idea	_____ furniture
Furniture master	Liam is very good at _____ furniture, so he made all of the furniture by himself. They call him "Furniture _____."
Handmade furniture	Liam made all of his family's beds and _____ . He also made cabinets, drawers, and bookshelves for _____ .
The best furniture	The _____ one is his _____ furniture. They sit around on Liam's furniture and cook meat.

Fathers participate in household chores with mothers. Some fathers do the cleaning, some do the laundry, and others do the cooking.

Eliot likes cooking very much.
So he watches cooking shows a lot.
Tonight is Eliot's turn to cook dinner.

Eliot is watching a cooking show on the big TV in the kitchen. The meal is sausage pasta.
He is chopping sausages and onions on the chopping board for the sauce.
He is putting all the tomatoes in the blender.
He is stir-frying onions and adding tomatoes to the frying pan.
He is putting the sausages in the sauce with some herbs, salt and pepper.
He is boiling pasta in a saucepan.
Then he is draining the water out of the saucepan.
He is putting the pasta on plates and the sauce on top. Ta-da! Don't you want to try Eliot's pasta?

Warm up

- How many types of kitchen utensils are there?

- What is the most useful kitchen utensil?

- Who is the best cook in your house?

MP3 & PDF_32

A 알맞은 단어의 뜻을 찾아보세요.

utensil ☐ participate in ☐ do the cooking ☐ blender ☐ stir-fry ☐
frying pan ☐ boil ☐ saucepan ☐ chopping board ☐ drain ☐

① ~에 참여하다   ② 믹서기   ③ 도구   ④ 요리를 하다   ⑤ 도마
⑥ 냄비   ⑦ 물을 빼내다   ⑧ 볶다   ⑨ 끓이다   ⑩ 프라이팬

B 문제를 읽고 알맞은 답을 찾아보세요.

1 What is NOT house chores?

  a doing homework   **b** doing the laundry   **c** doing the cooking

2 What is true about Eliot?

  a He watches cooking shows a lot.   **b** He doesn't like cooking.

  c He only does the cleaning.

3 What is Eliot cooking in this story?

  a He is cooking hot dogs.   **b** He is cooking sausage rolls.

  c He is cooking pasta with sausage.

4 What food is Eliot putting in the blender?

  a sausages   **b** tomatoes   **c** onions

C 다음 문장을 읽고 Eliot이 pasta를 만드는 방법을 순서대로 번호를 쓰세요.

He stir-fries onions and adds tomatoes to the frying pan.

He drains the water out of the saucepan.

He chops sausages and onions on the chopping board for the sauce.

William loves the giant smart TV in the living room.

Yes, he has his basement cinema.

But he loves the AI system in the living room.

TV is not just a television anymore.

It can talk and think nowadays.

You don't need the remote control anymore.

You just need to talk to your TV or use your smartphone.

And William loves controlling the TV with his smartphone.

He also loves the sound from their soundbar.

It feels like the sound is coming from every direction.

So it's great to watch TV in the living room.

It feels like you are in the show.

Who doesn't love a giant TV, AI system,
and a soundbar when you watch TV?
Even his pets sit next to him and watch TV together.

Well, Abbie, William's mom is not so happy because he watches TV for too long.

But William still loves his TV system!

Warm up

- What is the best appliance in your living room?

- How much time do you spend in the living room?

MP3 & PDF_33

A 알맞은 단어의 뜻을 찾아보세요.

appliance ☐ come from ☐ AI ☐ next to ☐ living room ☐
nowadays ☐ remote control ☐ smart ☐ soundbar ☐ direction ☐

① 영리한   ② 사운드바(스피커)   ③ 거실   ④ 요즘   ⑤ ~ 바로 옆에
⑥ 방향   ⑦ 인공지능   ⑧ 기기, 제품   ⑨ 리모컨   ⑩ ~에서 나오다

B 문제를 읽고 알맞은 답을 찾아보세요.

1 What appliances are NOT in William's living room?

   a a smart computer   **b** a smart TV   **c** an AI system

2 What does William do when he watches smart TV?

   a He always needs the remote control.   **b** He presses the button.

   c He talks to his TV or uses his smartphone.

3 Where does the sound come from?

   a a soundbar   **b** a radio   **c** a music box

4 Why is William's mom NOT happy because of smart TV?

   a Because William watches TV too long.

   b Because she doesn't like the sound from their soundbar.

   c Because the pets watch TV together with William.

C 다음 이야기를 읽고 빈칸을 채워보세요.

<보기>   TV   appliances   remote   AI   talk to   soundbar   watch

Main Idea	Living room _____
William	William loves the giant smart _____ and the _____ system.
AI system	You don't need the _____ control anymore. You just need to _____ your TV or use your smartphone.
TV system	William also loves the sound from their _____ . It's great to _____ TV in the living room.

Unit 34 Bathroom Items

Some people spend a lot of time in the bathroom. Mia is one of them.
She spends a really long time in this multi-purpose room.

Mia stays in the shower for a very long time. She shampoos her hair twice, and then uses the conditioning treatment once.
She takes forever when she dries her hair with the hairdryer. She counts to 300 when she brushes her teeth. She cleans the faucet with the liquid soap, then she rinses her mouth.
Lily hates it when Mia spends so long in the bathroom.

Today, Mia got up late.
So she couldn't do all the things she usually does in the bathroom. Instead, she only washed her face and brushed her teeth. She had no time so she didn't check herself in the mirror.
Everyone at school looked shocked when they saw Mia. She had bed head and wore pajamas.
Mia finally saw herself in the mirror and she screamed!

Warm up

- Do you like shower? Why? Or why not?
- How often do you shower?
- How long do you take a shower?

MP3 & PDF_34

A 알맞은 단어의 뜻을 찾아보세요.

twice ☐ instead ☐ take forever ☐ dry ☐ brush one's teeth ☐
faucet ☐ shocked ☐ liquid soap ☐ bed head ☐ rinse one's mouth ☐

① 엄청난 시간이 걸리다 　　② 대신에 　　③ 두 번 　　④ 입을 헹구다 　　⑤ 이를 닦다
⑥ 자고 일어나 엉망인 머리 　　⑦ 수도꼭지 　　⑧ 충격을 받은 　　⑨ 액체 비누 　　⑩ 말리다

B 문제를 읽고 알맞은 답을 찾아보세요.

1 Where does Mia spend a long time?

　a in the kitchen 　　**b** in the living room 　　**c** in the bathroom

2 How many times does Mia shampoo?

　a once 　　**b** twice 　　**c** three times

3 Who hates it when Mia spends so long in the bathroom?

　a Lily 　　**b** her mom 　　**c** her dad

4 What is NOT true when Mia got up late?

　a Mia only washed her face and brushed her teeth.

　b She checked herself in the mirror twice.

　c She had bed head and wore pajamas.

C 다음 문장을 읽고 Mia가 아침에 씻는 순서대로 번호를 쓰세요.

She shampoos her hair twice, and then uses the conditioning treatment once.

She cleans the faucet with the liquid soap, then she rinses her mouth.

She dries her hair with the hairdryer.

Abbie has many pets, but her garden was too small for all of them. She thought she needed a bigger garden. So she decided to make a change in her garden for her pets.

Abbie put her gardening gloves on first.
Then she used her digging fork and dug out all the bushes and plants.
Sometimes she had to use her shovel, too.
There were many ants and worms under the bushes and plants.

Then she put them in her wheelbarrow, and she moved them to one side from the center of the garden.
After that, she put down lawn blocks so her pets could run around.
She put the bushes and plants around the edges of the lawn.
Next, she put fences around the plants.
The fence will protect the plants from her pets.
Abbie watched her pets playing in the garden. It looked perfect and she smiled.

Warm up

- What is the meaning of 'garden tools'?

- What tools do you need in a garden?

- Which garden item is most useful?

MP3 & PDF_35

A 알맞은 단어의 뜻을 찾아보세요.

gardening gloves ☐ digging fork ☐ bush ☐ shovel ☐ worm ☐
make a change ☐ wheelbarrow ☐ edge ☐ lawn ☐ fence ☐

① 원예용 장갑   ② 잔디   ③ 변경하다   ④ 원예용 포크   ⑤ 가장자리
⑥ 삽   ⑦ 손수레   ⑧ 울타리   ⑨ 덤불   ⑩ (지렁이 류의) 벌레

B 문제를 읽고 알맞은 답을 찾아보세요.

1 Why did Abbie need a bigger garden?

   a She has many plants.   **b** She has many pets.   **c** She has many flowers.

2 What did Abbie do first when she made a change in her garden?

   a put her gardening gloves on   **b** dig out all the bushes   **c** use her shovel

3 What did Abbie put in her wheelbarrow?

   a gloves   **b** bushes and plants   **c** lawn

4 What is NOT true about Abbie's garden?

   a Her pets play in the garden all the time.

   b Her pets have been going into the garden for 7 years.

   c The beautiful garden makes Abbie smile.

C 다음 문장을 읽고 Abbie가 정원을 변화시킨 순서대로 번호를 쓰세요.

She put fences around the plants.

She used her digging fork and dug out all the bushes and plants.

She put her gardening gloves on first.

Unit 36 Car Items

Warm up

- What kind of car do you like?
- Who can drive in your family?
- Which car item is most useful?

Olivia wants to buy a new car.
She is looking at a car magazine with her family.
They are selecting a car together.

Eliot wants a white sedan but Olivia wants a black SUV.
Kevin likes black SUVs but Lily and Mia want a sedan.
Olivia and the kids want a sunroof, but Eliot doesn't.
Olivia wants an upgraded stereo, but Eliot thinks it's a waste of money. She wants tinted windows, but Eliot thinks it's not necessary.
That's not all.

Eliot thinks safety is more important.
He wants air bags in all the seats, bigger tires and a bigger rearview mirror.
Olivia wants a bigger engine with a big GPS navigation system. She also wants all the extra options like auto-parking, black leather seats, and remote keyless entry.
Kevin, Lily and Mia want tablets on the back of the front seats. Everyone wants different things!
Which things would you choose?

MP3 & PDF_36

A 알맞은 단어의 뜻을 찾아보세요.

> sedan ⬚   necessary ⬚   sunroof ⬚   waste of money ⬚   remote ⬚
>
> extra ⬚   rearview mirror ⬚   magazine ⬚   safety ⬚   leather seat ⬚

① 선루프   ② 가죽 의자   ③ 안전   ④ 백미러   ⑤ 먼, 원격의
⑥ 잡지   ⑦ 필요한   ⑧ 추가의   ⑨ 돈 낭비   ⑩ 승용차

B 문제를 읽고 알맞은 답을 찾아보세요.

1 What does Olivia want to buy?

   a a new bag   **b** a new car   **c** a new computer

2 Who wants to buy a black SUV?

   a Lily   **b** Eliot   **c** Kevin

3 How does Eliot feel about an upgraded stereo?

   a It's a waste of money.   **b** It's necessary.   **c** It's not safe.

4 What is NOT true about Lily's family?

   a Kevin wants air bags in all the seats, and bigger tires.

   b Olivia wants auto-parking, black leather seats, and remote keyless entry.

   c Lily and Mia want tablets on the back of the front seats.

C 다음 이야기를 읽고 빈칸을 채워보세요.

> <보기>   sedan   safety   SUV   stereo   tablets

Main Idea	Car items
Eliot	He wants a white _____ . He thinks _____ is more important.
Olivia	She wants a black _____ and an upgraded _____ , tinted windows. She also wants a bigger engine and the extra options.
Kevin	He likes black SUVs. He wants _____ on the back of the front seats.
Lily & Mia	They want a sedan. They want tablets like Kevin.

A storage shed can help you keep things organized. You can store your tools correctly and safely in a well-organized shed.

Close your eyes and imagine a messy shed. Can you find anything easily?

Warm up

- Do you know what a shed is?
- What things do people store in sheds?
- Are you a well-organized person?

Liam, the furniture master, is a very well-organized person. He has many tools in his shed.

He keeps all the tools in different cabinets and on shelves. All his power tools like saws, drills and electric screwdrivers are in one cabinet.

All his hand tools like hammers, a hand saw, tape measures and pencils are on a shelf.

The pets are not allowed in the shed.

But Jack, Apollo and Daisy went in one day.

Charlie tried to stop them, but Daisy jumped and banged on the shelves. She knocked down some tools.

Apollo squealed and Charlie barked very loudly.

Liam came to the shed and saw the mess!

He got very angry! Everyone got kicked out of the shed.

MP3 & PDF_37

A 알맞은 단어의 뜻을 찾아보세요.

storage shed [　]　organized [　]　tool [　]　saw [　]　drill [　]

imagine [　]　hammer [　]　allow [　]　squeal [　]　bark [　]

① 꽤액 하는 소리를 내다　② 도구　③ 망치　④ 정리된　⑤ 짖다
⑥ (들어오게) 허락하다　⑦ 상상하다　⑧ 톱　⑨ 드릴　⑩ 창고

B 문제를 읽고 알맞은 답을 찾아보세요.

1 What can help you keep things organized?

   a a storage shed　　**b** saws　　**c** drills

2 What is Liam like?

   a nice　　**b** messy　　**c** well-organized

3 What things does Liam NOT store in his shed?

   a an electric lamp　　**b** hammers　　**c** tape measures

4 What did the pets do in the shed?

   a Daisy jumped and banged on the shelves.　　**b** Apollo barked very loudly.

   c Charlie squealed very loudly.

C 다음 이야기를 읽고 빈칸을 채워보세요.

<보기> organized　saws　shed　hand　measures　squealed　barked

Main Idea	Shed & Tools
A storage	A storage _____ can help you keep things _____ .
Liam	_____ , drills, and electric screwdrivers are in one cabinet. Hammers, a _____ saw, tape _____ and pencils are on a shelf.
The pets	Jack, Apollo and Daisy went into the shed. Daisy jumped and banged on the shelves. Apollo _____ and Charlie _____ very loudly.

Do you prefer computers or cell phones?
Some people prefer computers and others prefer cell phones.

To Jade, the most useful invention is the computer.
Her bestie lives in the city.
She can keep in touch with her, thanks to the computer and the webcam. She can even watch her favorite TV shows and movies freely on her computer.
The computer means everything to Jade.

William loves his cell phone.
It's very light and the camera lenses in his cell phone are just fantastic. He takes a lot of pictures with it.
He carries a wireless charger with him all the time.
He listens to his favorite songs with his Bluetooth earphones.
William can't imagine his life without his cell phone.

Everyone loves computers and cell phones.
People benefit a lot from computers and cell phones.

Warm up

- How often do you use your computer or your cell phone?

- What are some good things about computers?

- What are some bad things about cell phones?

MP3 & PDF_38

A 알맞은 단어의 뜻을 찾아보세요.

> prefer ⬚ useful ⬚ invention ⬚ bestie ⬚ keep in touch with ⬚
> webcam ⬚ light ⬚ wireless charger ⬚ without ⬚ benefit ⬚

① 절친한 친구   ② ~와 연락하며 지내다   ③ 발명품   ④ 무선 충전기   ⑤ 득을 보다
⑥ 가벼운   ⑦ 웹캠   ⑧ 더 좋아하다   ⑨ 유용한   ⑩ ~ 없이

B 문제를 읽고 알맞은 답을 찾아보세요.

1 What does William prefer?

   a a computer   **b** a tablet PC   **c** a cell phone

2 Where does Jade's bestie live?

   a in the city   **b** in the country   **c** in the foreign country

3 How does Jade keep in touch with her friend?

   a She uses the computer and the webcam.   **b** She writes a letter to her friend.

   c She often goes to her friend's house.

4 What does William do with his cell phone?

   a He watches his favorite TV shows and movies.

   b He takes a lot of pictures with it.

   c He listens to his favorite audio books with his earphones.

C 다음 이야기를 읽고 빈칸을 채워보세요.

> <보기> keep   computer   cell phone   webcam   wireless   takes

Main Idea	Computers VS Cell phones
Jade	The most useful invention to Jade is the _____ . She can _____ in touch with her bestie, thanks to the computer and the _____ .
William	He loves his _____ . He _____ a lot of pictures with it. He carries a _____ charger with him all the time.

Olivia is very fashionable.

She has many beautiful skirts.

She has many pairs of jeans and pants.

She also has many blouses and jackets of different colors.

She mixes and matches the clothes in a variety

of ways, both formal and casual.

Olivia is very confident in her style.

Her wardrobe is full of pretty clothes.

Lily and Mia also like to wear pretty clothes.

They like their mom's pretty clothes a lot.

They love looking around their mom's wardrobe.

One day, Olivia bought a gold spangled

dress. Both Lily and Mia loved it.

They wanted to have gold spangled

dresses, too.

So they asked Olivia for one again and

again every day. After the 14th day,

Olivia finally gave up.

She took both of them to the shopping

mall, and got two spangled dresses, one for Lily and one

for Mia. Lily and Mia were very pleased!

Warm up

- Who is a fashionable person in your family?
- Do you often buy new clothes?
- Where do you usually buy clothes?

MP3 & PDF_39

A 알맞은 단어의 뜻을 찾아보세요.

fashionable ☐　blouse ☐　jacket ☐　spangled ☐　formal ☐
jeans ☐　casual ☐　wardrobe ☐　different ☐　give up ☐

① 블라우스　　② 유행하는　　③ 재킷　　④ 다른　　⑤ 포기하다
⑥ 평상시의　　⑦ 청바지　　⑧ 옷장　　⑨ 반짝거리는　　⑩ 격식을 차린

B 문제를 읽고 알맞은 답을 찾아보세요.

1 What kind of clothes does Olivia have?

　a cardigans　　**b** track suits　　**c** blouses and jackets

2 How does Olivia feel about her style?

　a shy　　**b** angry　　**c** confident

3 What do Lily and Mia like to do in their mom's wardrobe?

　a look after　　**b** look around　　**c** look into

4 What is NOT true about spangled dress?

　a Olivia bought a gold spangled dress.

　b Lily and Mia also wanted to have gold spangled dresses.

　c Olivia bought her daughters one spangled dress.

C 다음 문장을 읽고 Olivia가 행동한 순서대로 번호를 쓰세요.

Lily and Mia asked Oliva for one again and again every day.

Olivia bought a gold spangled dress.

Olivia took both of them to the shopping mall, and got two spangled dresses.

Eliot has many items in his home office.
He has a computer, a monitor, a printer, and a shredder.
He also has furniture like a filing cabinet, a desk, and a swivel chair.

Every morning, Eliot logs on to his computer and turns the webcam on.
He has a morning meeting with his coworkers online.
Then he turns off the webcam and starts to work.
He has all the necessary programs on his computer.
So he can do many things with his computer.

Eliot's desk is a little unusual.
It is a motion standing desk.
It can go up to 120cm or down to 65cm.
It's great for Eliot's back because he can stand up and work when his back hurts or when he is sleepy.

Eliot loves the items in his home office.
They make his life convenient and comfortable when he is working at home.

MP3 & PDF_40

Warm up

- Did your family members ever work at home?

- Where do your family members prefer to work?

- What things are there in a home office?

A 알맞은 단어의 뜻을 찾아보세요.

sleepy ☐	shredder ☐	back ☐	hurt ☐	standing desk ☐
log on ☐	coworker ☐	item ☐	turn off ☐	convenient ☐

① 등   ② 졸린   ③ 파쇄기   ④ 로그인하다   ⑤ 아프다
⑥ 편리한   ⑦ 직장 동료   ⑧ 전원을 끄다   ⑨ 항목, 물품   ⑩ 서서 사용하는 책상

B 문제를 읽고 알맞은 답을 찾아보세요.

1 What furniture is in Eliot's home office?

    a a filing cabinet   **b** a sofa   **c** a stool

2 What does Eliot NOT do every morning?

    a log on to his computer   **b** turn the TV on   **c** have a morning meeting online

3 What thing is a little unusual in Eliot's office?

    a a massage chair   **b** a projector   **c** a motion standing desk

4 What is NOT true about Eliot's home office?

    a There is a computer, a monitor, and a shredder.

    b His standing desk can go up to 120cm or down to 65cm.

    c Eliot turns the radio on every morning.

C 다음 이야기를 읽고 빈칸을 채워보세요.

<보기>	standing	logs	monitor	filing	webcam	off	back

Main Idea	Home office items
Item	There is a computer, a _____ , a printer, a shredder, a _____ cabinet, a desk, and a swivel chair in his home office.
Morning meeting	Eliot _____ on to his computer and have a meeting. Then he turns _____ the _____ and starts to work.
Eliot's desk	Eliot's desk is a motion _____ desk. It's great for Eliot's _____ .

A 일치하는 우리말 뜻을 찾아 쓰세요.

1 handmade _____

2 utensil _____

3 hairdryer _____

4 shovel _____

5 sedan _____

6 organized _____

7 invention _____

8 spangled _____

9 shredder _____

10 smart TV _____

a. 헤어 드라이어

b. 정리된

c. 수제의

d. 도구

e. 삽

f. 승용차

g. 스마트 텔레비전

h. 반짝거리는

i. 발명품

j. 파쇄기

B 반의어를 찾아 연결하세요.

1 best •   • log out

2 formal •   • worst

3 log on •   • casual

4 necessary •   • turn on

5 convenient •   • unnecessary

6 turn off •   • inconvenient

C 단어를 골라 문장을 완성해보세요.

1   He is the (best / better) furniture master ever!

2   He is (boils / boiling) pasta in a saucepan.

3   You don't need the (remote / AI) control anymore.

4   She counts to 300 when she (breaks / brushes) her teeth.

5   She used her (dugging / digging) fork.

6   She wants (tinted / tint) windows.

7   A storage (shed / hut) can help you keep things organized.

8   He carries a (Wi-Fi / wireless) charger with him all the time.

9   Her (wardrobe / bookshelf) is full of pretty clothes.

10   Eliot has many items in his (home office / room office).

D 알맞은 단어를 써서 문장을 완성해보세요.

> **matches stir-frying stays made around rearview electric soundbar**

1   They sit _____ on Liam's furniture and cook meat.

2   He is _____ onions and adding tomatoes to the frying pan.

3   He also loves the sound from their _____.

4   Mia _____ in the shower for a very long time.

5   She _____ a change in her garden for the pets.

6   Eliot wants a bigger _____ mirror.

7   All his power tools like saws, drills, and _____ screwdrivers are in one cabinet.

8   She mixes and _____ the clothes in various ways.

Answer Key

Family and House

Part I

Family in the City
도시에 사는 가족

Unit 01 릴리 젠킨스

Warm up

- 가족은 몇 명인가요?
- 학교는 집에서 가깝나요?
- 가장 좋아하는 과목은 무엇인가요?

본문 해석

릴리 젠킨스는 12살이에요.
그녀는 가족들과 함께 도시에서 살아요.
그녀는 아파트 39층에 살고 있어요.
그녀는 쌍둥이 자매인 미아와 애완 앵무새인 에코, 고양이 피넛이 있어요.

릴리는 플레즌트 런 초등학교에 다녀요.
그녀는 5학년이에요.
학교는 아주 가까워요.
그녀는 그녀의 아파트에서 그녀의 학교를 볼 수 있어요.
릴리가 걸어서 가면 학교까지 가는 데 5분밖에 안 걸려요.
그녀는 그녀의 언니와 높은 빌딩 사이로 걸어서 학교 가는 것을 좋아해요.

릴리는 다양한 과목을 공부해요.
그녀가 가장 좋아하는 과목은 체육이에요.
그녀는 축구하는 것을 즐깁니다.
그녀는 역사도 좋아해요.
그녀는 역사 속 영웅들에 대해 배우는 걸 대단히 좋아해요.
과학은 릴리한테는 조금 어려워요.
그녀는 다음 시험에서 B+를 받기 원해요.

Practice

Ⓐ 알맞은 단어의 뜻을 찾아보세요.

grade ⑥ 학년
close ⑦ 가까운
exam ⑤ 시험
take ③ (얼마의 시간이) 걸리다
elementary school ① 초등학교
favorite ⑧ 가장 좋아하는
subject ⑩ 과목
science ⑨ 과학
difficult ② 어려운
on foot ④ 걸어서

Ⓑ 문제를 읽고 알맞은 답을 찾아보세요.

1 릴리는 몇 살인가요? **b**
2 릴리는 어떻게 학교에 다니나요? **c**
3 릴리는 무슨 수업을 좋아하나요? **a**
4 릴리는 무슨 스포츠를 즐기나요? **a**

Ⓒ 다음 이야기를 읽고 빈칸을 채워보세요.

Main Idea	Lily Jenkins and her city life
	릴리 젠킨스와 그녀의 도시 생활
Family 가족	She **lives** in a city with her family. She **has** a twin sister, a pet parrot, and a cat.
	그녀는 가족들과 함께 도시에서 살고 있어요. 그녀는 쌍둥이 자매와 애완 앵무새, 고양이가 있어요.
School 학교	She **goes** to Pleasant Run Elementary School. She is in the 5th **grade**.
	그녀는 플레즌트 런 초등학교에 다녀요. 그녀는 5학년이에요.
Subject 과목	Her **favorite** subject is P.E. She also likes **history**.
	그녀가 가장 좋아하는 과목은 체육이에요. 그녀는 역사도 좋아해요.

Unit 02 릴리의 보통의 하루

Warm up

- 보통 언제 일어나나요?
- 학교에 언제 가나요?
- 학교에 가기 전에 무엇을 하나요?

본문 해석

릴리는 보통 오전 7시 30분에 일어나요.
맨 먼저, 그녀는 휴대전화를 확인해요.
그다음에 그녀는 학교에 갈 준비를 하고,
오전 8시 20분쯤에 집에서 출발해요.

릴리는 일정이 매우 바빠요.
그녀는 오전 9시부터 오후 3시 30분까지 수업이 있어요. 그다음에 그녀는 다양한 방과후 수업을 들어요.

월요일과 수요일에 그녀는 발레 수업에 가요.
그녀는 발레 연습을 하면서 동시에 음악을 들을 수 있어서 그 수업을 좋아해요.

화요일과 금요일에 그녀는 미아와 과학을 공부해요. 미아는 과학을 잘해서 릴리가 실험하는 것을 도와줘요. 릴리는 실험이 재미있다고 생각해요. 하지만 보고서를 쓰는 것은 좋아하지 않아요.

릴리의 가족은 저녁 7시쯤 저녁을 먹고 나서 텔레비전을 함께 보고 그들의 하루에 대해 대화를 나눕니다. 그들은 이 "가족 대화 시간"을 정말 좋아합니다. 그다음에 그녀는 밤 10시에 하루를 마무리합니다.

Practice

Ⓐ 알맞은 단어의 뜻을 찾아보세요.

wake up ③ 깨어나다
check ① 확인하다
get ready ⑧ 준비하다
leave ⑩ 떠나다
around ② ~쯤에
experiment ⑦ 실험
class ⑥ 수업
dinner ⑨ 저녁 식사
chat ④ 수다를 떨다
end ⑤ 끝내다

Ⓑ 문제를 읽고 알맞은 답을 찾아보세요.

1 릴리는 몇 시에 일어나나요? **b**
2 릴리는 잠에서 깬 후 무엇을 맨 먼저 하나요? **c**
3 방과 후 릴리에 대한 것으로 옳지 않은 것은 무엇인가요? **b**
4 저녁을 먹고 나서 릴리의 가족은 무엇을 하나요? **b**

Ⓒ 다음 문장을 읽고 Lily의 하루를 순서대로 번호를 쓰세요.

② Lily has classes from 9:00 AM to 3:30 PM.
릴리는 오전 9시부터 오후 3시 30분까지 수업이 있어요.

① She leaves home around 8:20 AM.
그녀는 오전 8시 20분쯤에 집에서 출발해요.

③ Lily's family has dinner together around 7:00 PM.
릴리의 가족은 저녁 7시쯤 함께 저녁을 먹어요.

Unit 03 올리비아 젠킨스

Warm up

- 엄마는 어떻게 생겼어요?
- 엄마는 무엇을 잘 하나요?

본문 해석

릴리의 엄마는 올리비아예요. 그리고 그녀는 아주 스타일이 멋있는 미용사예요. 그녀의 머리는 갈색의 웨이브가 있는 긴 스타일이에요. 그녀는 얼굴이 갸름해요. 그녀는 갈색의 웨이브가 있는 긴 머리가 아주 잘 어울려요.

올리비아의 미용실은 아주 인기가 많아요. 그녀가 매우 실력 있는 미용사이기 때문에 인기가 많은 거예요. 하지만 또한 그녀가 한국어를 잘해서 많은 한국인들 사이에서 인기가 있어요. 만약에 그녀의 가게에서 머리를 하기를 원한다면, 예약을 해야 해요.

올리비아는 단지 사람들의 머리만 하는 게 아니에요. 그녀는 사람들에게 헤어스타일에 대해 조언을 해줍니다.
당신의 얼굴이 길쭉하다면 그러면 그녀는 앞머리를 해줄 거예요. 당신의 얼굴이 둥글다면, 그러면 그녀는 생머리를 해줄 거예요.
당신의 얼굴이 갸름하다면 그러면 그녀는 굵은 웨이브를 해줄 거예요. 올리비아는 기가 막히게 실력이 좋은 미용사이기도 하고 바쁜 엄마이기도 해요.

Practice

Ⓐ 알맞은 단어의 뜻을 찾아보세요.

stylish ⑨ 스타일이 좋은
wavy ⑧ 웨이브가 있는
slim ⑩ 갸름한, 날씬한
awesome ① 엄청난
popular ⑦ 인기 있는
speak ② 말하다
give advice ③ 조언하다
bangs ④ 앞머리
straight ⑤ (머리 등이) 곧은
fantastic ⑥ 환상적인

Ⓑ 문제를 읽고 알맞은 답을 찾아보세요.

1 올리비아의 머리 모양은 어떤가요? **c**
2 올리비아의 얼굴은 어떻게 생겼나요? **a**
3 올리비아가 잘하는 것은 무엇인가요? **b**
4 당신은 얼굴이 둥글어요. 올리비아의 조언에 따르면, 어떤 머리 모양을 선택해야 하나요? **b**

Ⓒ 다음 이야기를 읽고 빈칸을 채워보세요.

Main Idea	Olivia Jenkins 올리비아 젠킨스
Looks 외모	Olivia is a very **stylish** hairstylist. She has long, brown, **wavy** hair. She has a **slim** face. 올리비아는 아주 스타일이 멋있는 미용사예요. 그녀의 머리는 갈색의 웨이브가 있는 긴 스타일이에요.
Talent 재능	She is a very good **hairstylist**. She can **speak** Korean well. 그녀는 매우 실력 있는 미용사예요. 그녀는 한국어를 잘해요.
Advice 조언	She **gives** people advice on hairstyles. 그녀는 사람들에게 헤어스타일에 대해 조언을 해줍니다.

Warm up

- 엄마의 직업은 무엇인가요?
- 엄마는 하루에 몇 시간 일을 하시나요?
- 엄마는 저녁에 무엇을 하시나요?

본문 해석

올리비아는 미용사이고 매우 바쁜 엄마예요. 아침에 그녀는 출근할 준비를 하고, 딸들을 깨워 학교 갈 준비를 시켜요. 그녀의 남편은 그들이 준비를 하는 동안 아침을 만들어요. 하지만 그가 할 수 없을 때는 그녀가 우유와 시리얼 같은 간단한 아침 식사를 만들어요. 또는 가끔은 주스와 토스트를 준비해요.

올리비아의 근무 시간은 오전 11시부터 오후 7시까지예요. 사람들은 그녀를 만나러 오기 전에 예약을 해야만 해요. 그녀의 미용실은 근처에 있어서 그녀는 집에 일찍 와서 가족들과 더 많은 시간을 보낼 수 있어요.

올리비아는 온라인 쇼핑을 좋아해요. 그녀는 온라인 쇼핑이 시간과 에너지를 절약해 준다고 말해요. 그녀는 케이크와 아이스크림 같은 후식도 좋아해요. 그녀는 저녁 식사 후에 디저트를 먹으면서 딸들과 대화하는 것을 즐겨요. 그녀는 바쁜 엄마지만 동시에 행복한 엄마이기도 해요.

Practice

A 알맞은 단어의 뜻을 찾아보세요.

hairstylist ⑧ 미용사
breakfast ③ 아침 식사
prepare ② 준비하다
working hours ① 근무 시간
save ⑤ 절약하다
appointment ⑩ 약속, 예약
hair salon ⑥ 미용실
spend ④ (시간을) 보내다
online shopping ⑦ 온라인 쇼핑
energy ⑨ 기운, 에너지

B 문제를 읽고 알맞은 답을 찾아보세요.

1 올리비아 젠킨스는 직업이 무엇인가요? **c**
2 올리비아가 아침으로 만들지 않는 것은 무엇인가요? **b**
3 사람들은 올리비아의 미용실에 가기 전에 해야만 하는 것은
　무엇인가요? **a**
4 올리비아는 저녁에 무엇을 하나요? **a**

C 다음 이야기를 읽고 빈칸을 채워보세요.

Main Idea	Olivia, the busy mom 올리비아는 바쁜 엄마
Morning 아침	Olivia is a hairstylist. She is a very <u>busy</u> mom. She gets ready for work and wakes her daughters up. And she makes <u>breakfst</u>. 올리비아는 미용사예요. 그녀는 아주 바쁜 엄마예요. 그녀는 직장에 갈 준비를 하고 딸을 깨워요. 그리고 아침을 만들어요.
Afternoon 점심	Olivia's <u>working hours</u> are from 11 AM until 7 PM. Her hair salon is <u>nearby</u>, so she can come home early. 올리비아의 근무 시간은 오전 11시부터 오후 7시까지예요. 그녀의 미용실은 근처여서 그녀는 집에 일찍 올 수 있어요.
Evening 저녁	Olivia likes online shopping and enjoys eating <u>dessert</u> and <u>chatting</u> with her daughters after dinner. 올리비아는 온라인 쇼핑을 좋아하고 저녁 식사 후에 딸들과 디저트를 먹으면서 대화하는 것을 좋아해요.

Warm up

- 아빠의 직업은 무엇인가요?
- 아빠는 어떤 분이에요?
- 아빠는 얼마나 자주 집에서 요리를 하시나요?

본문 해석

엘리엇은 릴리의 아빠예요. 그의 직업은 모바일 게임 프로그래머입니다. 그는 성공한 모바일 게임 개발자예요. 흥미로운 것은 그는 또한 가족 중 주부이기도 해요. 이 말은 그가 집에서 일을 한다는 뜻이죠.

엘리엇은 조용한 사람이에요. 그는 집에서 일을 하는 게 좋아요. 그는 살짝 수줍은 성격이어서 혼자 일하는 것을 좋아해요. 그게 바로 집에서 프로그래밍하는 일이 그에게 안성맞춤인 이유예요. 그는 보통 매우 차분하고 정리정돈을 잘해요. 그는 가족에게는 딱 맞는 주부예요.

엘리엇은 한 가지 더 잘하는 게 있어요. 그는 요리를 아주 잘해요. 모두들 그가 요리할 때 훨씬 더 만족스러워 해요. 하지만 그는 유명한 유튜브 셰프의 엄청난 팬이에요. 그는 모두들 그의 비밀을 알게 될까 걱정해요. 다들 그가 걱정을 너무 많이 한다고 생각해요. 그는 조금 더 여유를 가질 필요가 있어요.

Practice

A 알맞은 단어의 뜻을 찾아보세요.

perfect ④ 완벽한
homemaker ③ 전업 주부
quiet ⑤ 조용한
shy ② 수줍은
calm ① 차분한
tidy ⑩ 정리정돈을 잘하는
huge ⑦ 엄청난
afraid ⑧ 걱정스러운
worry ⑨ 걱정하다
relaxed ⑥ 여유 있는

B 문제를 읽고 알맞은 답을 찾아보세요.

1 엘리엇의 직업이 아닌 것은 무엇인가요? **c**
2 집에서 일하는 것에 대해 엘리엇은 어떻게 생각하나요? **b**
3 엘리엇은 어떤 사람인가요? **a**
4 엘리엇은 무엇을 잘하나요? **a**

C 다음 이야기를 읽고 빈칸을 채워보세요.

Main Idea	Eliot Jenkins 엘리엇 젠킨스
Eliot Jenkins 엘리엇 젠킨스	Eliot is Lily's dad. He is a successful mobile **game** maker. He is also the **homemaker** in the family. 엘리엇은 릴리의 아빠예요. 그는 성공한 모바일 게임 프로그래머입니다. 그는 또한 가족 중 주부이기도 해요.
Personality 성격	He is a **quiet** person. He is a little **shy**, so he likes to work alone. He is usually **calm** and tidy. 그는 조용한 사람이에요. 그는 살짝 수줍은 성격이어서 혼자 일하는 것을 좋아해요. 그는 보통 차분하고 정리정돈을 잘해요.
Talent 재능	He is good at **cooking**. He is a huge **fan** of a famous "YouTube" **chef**. 그는 요리를 잘해요. 그는 유명한 유튜브 셰프의 엄청난 팬이에요.

Unit 06 엘리엇의 홈 오피스

Warm up

- 아빠는 어디에서 일을 하시나요?
- 아빠는 얼마나 자주 여러분과 놀아주시나요?

본문 해석

엘리엇은 집에서 일해요. 그는 사무실에서 일을 했었어요. 하지만 지금은 집에 그의 사무실이 있어요.

엘리엇은 집에서 일을 하는 것에 대해 만족해요. 그는 붐비는 버스를 탈 필요가 없기 때문에 좋아요. 그는 또 점심을 먹기 위해 나갈 필요도 없어요. 그는 사무실에서 회의를 하기 위해서 많이 돌아다녀야만 했어요. 하지만 이제 그는 집에서 온라인 미팅을 해요. 집에서 일하는 것은 그가 시간을 절약하는 데 도움이 돼요. 이제 그는 낮 동안에 그의 아이들과 애완동물들을 봐요.

한 가지 문제가 있기는 해요. 그는 살이 쪘어요. 그가 많이 움직이지 않기 때문이에요. 그래서 그는 "홈트레이닝"을 해보고 있어요. 지금 그의 가장 친구는 유튜브예요 그는 요리 프로그램, 운동 프로그램, 그리고 다른 것들도 봐요. 그는 여전히 전업 주부인 것이 마음에 들고, 그것을 매우 잘한답니다!

Practice

A 알맞은 단어의 뜻을 찾아보세요.

office ① 사무실
used to ⑧ ~하곤 했다
crowded ② 붐비는
gain ④ 얻다
have a meeting ⑩ 회의를 하다
go out ⑨ 밖으로 나가다
move ③ 움직이다
help ⑤ 도와주다
weight ⑦ 체중
home workout ⑥ 홈트레이닝

B 문제를 읽고 알맞은 답을 찾아보세요.

1 엘리엇은 어디에서 일을 하나요? **a**
2 집에서 일할 때 한 가지 문제점은 무엇인가요? **b**
3 엘리엇이 홈트레이닝을 할 때 유튜브에서 어떤 프로그램을 볼까요? **c**
4 왜 엘리엇은 집에서 일하는 것에 만족해하나요? **a**

C 다음 이야기를 읽고 빈칸을 채워보세요.

Main Idea	Eliot's home **office** 엘리엇의 홈 오피스
Home office 홈 오피스	Eliot used to work in an office. But now his office is in the **house**. 엘리엇은 사무실에서 일을 했었어요. 하지만 지금은 집에 그의 사무실이 있어요.

Good things 장점	He is happy because he doesn't need to take a <u>crowded</u> bus. He also doesn't need to <u>go out</u> to eat lunch. He <u>has</u> online meetings at home. Working at home <u>helps</u> him save time. 그는 붐비는 버스를 탈 필요가 없기 때문에 좋아요. 그는 또 점심을 먹기 위해 나갈 필요도 없어요. 그는 집에서 온라인 미팅을 해요. 집에서 일하는 것은 그가 시간을 절약하는 데 도움이 돼요.
Bad thing 단점	He has <u>gained</u> weight. He is trying the "home workouts." 그는 살이 쪘어요. 그래서 그는 "홈트레이닝"을 해보고 있어요.

Unit 07 케빈 젠킨스

Warm up
- 오빠(형, 남동생)가 있나요?
- 오빠(형, 남동생)는 무슨 일을 하나요?
- 오빠(형, 남동생)는 어떻게 생겼나요?

본문 해석

케빈은 릴리의 오빠예요. 그는 대학생이에요. 그는 축구 선수이고, 매우 똑똑하고 잘생겼어요. 그래서 그는 친구들 사이에서 인기가 아주 많아요.

그는 초등학교 때부터 축구를 했어요. 그는 프로 선수가 되기를 원해요. 그는 항상 축구를 연습해요. 그는 가끔 주말에 시합을 해요.

그는 항상 정말 늦게 집에 와요. 그는 보통 매우 늦게까지 안 자고 해외에서 하는 축구 경기를 봐요. 그는 종종 친구들을 집에 데려와서 그들과 함께 축구 경기를 보면서 늦게까지 깨어 있어요.

케빈의 아빠는 케빈에 대해 만족스럽지 않습니다. 하지만 그의 아빠는 그의 꿈을 이해해요. 그는 그저 케빈에게 학업과 축구 사이에 균형을 잡고 일반적인 생활을 하도록 노력하라고만 말해요. 그래서 케빈은 공부를 더 열심히 하기로 결심했어요. 그는 그의 모든 친구들처럼 아르바이트도 구했어요. 이제 그는 주말에 카페에서 일해요.

Practice

A 알맞은 단어의 뜻을 찾아보세요.
college student ⑨ 대학생
always ⑤ 항상

professional ⑧ 전문적인
practice ⑦ 연습하다
match ④ 시합
stay up late ⑩ 늦게까지 자지 않고 있다
sometimes ① 가끔
good-looking ② 잘생긴
usually ⑥ 보통
balance ③ 균형을 잡다

B 문제를 읽고 알맞은 답을 찾아보세요.
1 케빈은 누구인가요? **c**
2 케빈이 하지 않는 것은 무엇인가요? **a**
3 케빈이 늦게까지 자지 않는 이유는 무엇인가요? **b**
4 케빈의 아빠는 그에게 무엇을 하라고 하나요? **c**

C 다음 이야기를 읽고 빈칸을 채워보세요.

Frequency	Kevin Jenkins 케빈 젠킨스
Always 항상	He always <u>practices</u> soccer and <u>comes</u> home really <u>late</u>. 그는 항상 축구 연습을 하고 집에 매우 늦게 와요.
Usually 보통	He usually <u>stays</u> up very late. 그는 보통 매우 늦게까지 자지 않고 깨어 있어요.
Often 자주	He often <u>brings</u> his friends home. 그는 종종 집에 친구들을 데려와요.
Sometimes 가끔	He sometime has <u>matches</u> on the weekends. 그는 가끔 주말에 시합을 해요.

Unit 08 케빈이 일하는 날

Warm up
- 오빠(형, 남동생)나 언니(누나, 여동생)가 아르바이트를 하나요?
- 여러분은 어떤 아르바이트를 하고 싶나요?

본문 해석

케빈은 자신의 대학교 근처 카페에서 일을 해요. 처음에 그는 거기서 일하는 걸 좋아하지 않았는데, 왜냐하면 요리가 어려웠기 때문이에요. 하지만 카페에서 요리를 배웠어요. 그는 요리에 자신감을 갖게 되었어요. 그는 일이 좋아졌어요.

어느 날 케빈은 가족들을 카페에 초대했어요. 케빈은 신이 나기도 하고 긴장도 되었어요. 그는 그들이 음료나 음식, 카페를 마음에 들어하지 않을까 걱정했어요. 하지만 그들이 왔을 때 그들은 행복해 보였어요.

릴리는 베이컨 한 접시, 에그 샌드위치 하나, 그리고 딸기 요거트 한 잔을 먹었어요. 미아는 샐러드 한 그릇과, 초콜릿 케이크 한 조각, 그리고 녹차 한 잔을 먹었어요. 올리비아는 아이스 라떼와 토스트 두 장을 먹었어요. 엘리엇은 아메리카노 작은 걸로 한 잔과 햄 샌드위치를 먹었어요. 다들 모든 것에 만족해했어요. 그들은 사진도 많이 찍었어요. 그래서 케빈은 행복했어요.

Practice

Ⓐ 알맞은 단어의 뜻을 찾아보세요.
confident ⑨ 자신감 있는
invite ③ 초대하다
excited ⑧ 신이 난
a plate of ② 한 접시의
nervous ⑩ 불안해하는, 긴장한
worried ① 걱정하는
a bowl of ④ 한 그릇의
a slice of ⑥ 한 장의, 한 쪽의
a cup of ⑦ 한 잔의
green tea ⑤ 녹차

Ⓑ 문제를 읽고 알맞은 답을 찾아보세요.
1 케빈은 어디에서 일하나요? **b**
2 왜 케빈은 처음에는 카페에서 일하는 것을 좋아하지 않았나요? **b**
3 케빈이 그의 가족들을 카페에 초대했을 때 기분이 어땠나요? **a**
4 릴리의 가족이 카페에서 주문하지 않은 것은 무엇인가요? **b**

Ⓒ 다음 문장을 읽고 Kevin이 가족들을 카페에 초대한 날의 일을 순서대로 번호를 쓰세요.

② His family had lots of drinks and food.
그의 가족은 많은 음료와 음식을 먹었어요.

① One day, Kevin invited his family to the café, and Kevin was nervous.
어느 날 케빈은 그의 가족들을 카페에 초대했어요. 그리고 케빈은 긴장이 되었어요.

③ Everybody was happy with everything and Kevin was happy, too.
다들 모든 것에 만족해했고, 케빈도 행복했어요.

Unit 09 에코와 피넛

Warm up
- 애완동물을 키우나요?
- 그것은 몇 살인가요?
- 그것은 어떻게 생겼나요?
- 그것은 어디에서 얻었나요?

릴리는 에코와 피넛이라고 하는 애완동물 두 마리가 있어요. 에코는 앵무새인데 그녀의 깃털은 아주 다채로워요. 앵무새는 원래 호주에서 왔어요. 에코는 특별한 능력이 있어요. 그 능력은 말을 하는 거예요. 그녀는 릴리의 가족들, 특히 릴리의 말을 따라 해요. 그녀가 가장 좋아하는 말은 "바보 케빈"이에요. 모두들 그것이 재미있다고 생각하지만 케빈은 에코가 그 말을 할 때 너무 싫어요.

피넛은 고양이예요. 그의 품종은 "먼치킨"이에요. 먼치킨은 원래 미국에서 왔어요. 그는 약간 통통하고 아주 귀여워요. 그의 다리는 아주 짧아요. 하지만 그럼에도 불구하고 그는 꽤 높이 점프할 수 있어요.

에코와 피넛은 다른 두 동물이에요. 고양이와 앵무새가 함께 사는 건 특이한 경우입니다. 그들은 아주 사이좋게 지내는데 많은 사람들이 그게 매우 이상하다고 생각해요. 하지만 그들은 친구처럼 함께 놀고 서로 싸워요. 에코와 피넛은 서로를 아주 많이 사랑해요.

Practice

Ⓐ 알맞은 단어의 뜻을 찾아보세요.
pet ② 애완동물
feather ⑨ 깃털
colorful ⑩ 다채로운
originally ⑧ 원래
copy ① 따라 하다
hate ③ 미워하다
chubby ⑦ 통통한
jump ⑥ 점프하다
unusual ④ 특이한
fight ⑤ 싸우다

Ⓑ 문제를 읽고 알맞은 답을 찾아보세요.
1 릴리는 어떤 종류의 애완동물을 키우나요? **a**
2 이야기에 따르면 에코에 대해 사실이 아닌 것은 무엇인가요? **c**
3 이야기에 따르면 피넛에 대해 사실이 아닌 것은 무엇인가요? **c**
4 에코와 피넛은 사이좋게 지내요. 이것에 대해 사람들은 어떻게 생각하나요? **a**

Ⓒ 다음 이야기를 읽고 빈칸을 채워보세요.

Eco 에코	Peanut 피넛
She is a **parrot** and her feathers are **colorful**. She has a special skill. Her skill is **talking**.	He is a **cat** and his **breed** is Munchkin. He is a little **chubby** and cute. His legs are very **short**. But he can jump quite high.

그녀는 앵무새인데요 그녀의 깃털은 다채로워요. 그녀는 특별한 능력이 있어요. 그 능력은 말을 하는 거예요.	그는 고양인데요, 그의 품종은 먼치킨이에요. 그는 살짝 통통한데 귀여워요. 그의 다리는 아주 짧아요. 하지만 그는 꽤 높이 점프할 수 있어요.

Unit 10 에코와 피넛의 보통의 하루

Warm up
- 애완동물과 놀아주나요?
- 애완동물을 키우는 것의 장점과 단점은 무엇인가요?
- 여러분의 나라에는 어떤 종류의 동물들이 살고 있나요?

본문 해석

에코와 피넛은 이상한 우정이 있어요. 아침에 에코는 항상 피넛의 음식을 뺏으려고 해요. 그래서 그들은 항상 싸워요. 에코가 피넛을 때릴 때 웃겨요. 피넛은 도망쳐서 릴리의 방에 숨어요.

오후에는 에코는 엘리엇의 어깨에 앉아 있어요. 피넛은 보통 거실에서 잠을 자요. 하지만 가끔은 문 앞에서 릴리를 기다려요. 릴리는 가끔 그들을 공원에 데리고 가요. 그녀는 가끔은 집에서 에코와 피넛이랑 놀아요.

저녁에 그들은 조용히 그들의 음식을 먹어요. 그다음에 에코는 가족들 옆에 앉아서 릴리를 따라 해요. 피넛은 가족들 주위를 뛰어다녀요. 그들은 깨어 있을 때는 조용히 앉아 있지 못해요.

그들이 밤에 잠을 잘 때 매우 귀여워요. 에코는 피넛의 위에 눕고 그들은 함께 자요. 그들은 자주 싸우지만 잠은 항상 함께 자요. 그들은 정말 이상한 친구 사이예요.

Practice

Ⓐ 알맞은 단어의 뜻을 찾아보세요.
strange ⑧ 이상한
friendship ② 우정
lie ⑦ 눕다
hide ⑨ 숨다
beat up on ③ 호되게 때리다
run away ⑤ 도망가다
go to sleep ⑥ 잠들다
wait for ④ ~를 기다리다
awake ⑩ 깨어 있는
try ① 시도하다

Ⓑ 문제를 읽고 알맞은 답을 찾아보세요.
1 에코가 아침에 하지 않는 것은 무엇인가요? **c**
2 피넛이 오후에 보통 하는 것은 무엇인가요? **c**

3 릴리의 집에서는 저녁에 무슨 일이 있나요? **a**
4 릴리는 에코와 피넛을 어디에 데려 가나요? **b**

Ⓒ 다음 문장을 읽고 Eco와 Peanut의 하루를 순서대로 번호를 쓰세요.

② Peanut sometimes waits for Lily at the door.
피넛은 가끔은 문 앞에서 릴리를 기다려요.

① Eco always tries to take Peanut's food.
에코는 항상 피넛의 음식을 뺏으려고 해요.

③ Eco lies on Peanut and they go to sleep together.
에코는 피넛 위에 누워서 그들은 함께 잠을 자요.

Vocabulary Review 1 (Unit 01-10)

Ⓐ 일치하는 우리말 뜻을 찾아 쓰세요.
1 **e**-학년　2 **b**-떠나다　3 **c**-인기 있는
4 **f**-수줍은　5 **a**-차분한　6 **i**-붐비는
7 **j**-연습하다　8 **g**-잘생긴　9 **h**-깃털
10 **d**-우정

Ⓑ 반의어를 찾아 연결하세요.
1 close 가까운 - far 먼
2 difficult 어려운 - easy 쉬운
3 city 도시 - country 시골
4 wavy 웨이브가 있는 - straight 생머리의
5 nervous 긴장한 - relaxed 여유 있는
6 unusual 이상한 - usual 보통의

Ⓒ 단어를 골라 문장을 완성해보세요.
1 is, 릴리 젠킨스는 12살이에요.
2 at, 릴리는 보통 오전 7시 30분에 일어나요.
3 has, 그녀의 머리는 길고 웨이브가 있는 갈색이에요.
4 dessert, 그녀는 또한 케이크와 아이스크림과 같은 디저트도 좋아해요.
5 quiet, 엘리엇은 조용한 사람이에요.
6 work, 그는 사무실에서 일했었어요.
7 sometimes, 그는 가끔 주말에 시합이 있어요.
8 slices, 올리비아는 아이스 라떼 한 잔과 토스트 두 장을 먹었어요.
9 His, 그의 품종은 먼치킨이에요.
10 to, 에코는 가족들 옆에 앉아서 릴리의 말을 따라 해요.

Ⓓ 알맞은 단어를 써서 문장을 완성해보세요.
1 foot, 릴리가 걸어서 가면 학교까지 가는 데 5분밖에 안 걸려요.
2 ready, 그녀는 학교에 갈 준비를 해요.
3 gives, 그녀는 헤어스타일에 대해 사람들에게 조언을 해줘요.
4 working, 올리비아의 근무시간은 오전 11시부터 오후 7시까지예요.
5 meetings, 이제 그는 집에서 온라인 회의를 해요.

6 up, 그는 그들과 축구 경기를 보기 위해 늦게까지 자지 않고 있어요.

7 waits, 그는 가끔은 문 앞에서 릴리를 기다려요.

8 on, 에코는 피넛 위에 눕고 그들은 함께 잠을 자요.

Part II

Family in the Country
시골에 사는 가족

Unit
11 윌리엄 그레이

Warm up

- 몇 학년이에요?
- 어디에 살고 있어요?
- 도시를 좋아하나요 아니면 시골을 좋아하나요?

본문 해석

윌리엄 그레이는 오크우드 초등학교 6학년이에요. 그와 그의 가족은 개 두 마리, 토끼 한 마리, 닭 한 마리, 돼지 한 마리, 오리 한 마리와 함께 작은 마을에 살아요. 그의 엄마는 수의사이고, 그의 아빠는 농부이고, 그의 누나 제이드는 고등학생이에요.

윌리엄은 학교에 작은 농장이 있어서 그의 학교를 좋아해요. 학생들 누구나 농장에서 채소를 기르고 동물들을 보살필 수 있어요. 그는 자연에 대해 배우는 것을 아주 좋아해요.

윌리엄은 들판과 산으로 나갈 수도 있어요. 그는 자연의 사진을 찍을 수도 있고 그의 현장 학습에 대한 일기를 쓸 수도 있어요. 그는 곤충, 나무, 그리고 식물에 대한 것을 공부할 수도 있어요. 그는 언젠가 나무(를 잘 아는) 박사가 되고 싶어요. 그는 자연이 아주 흥미롭다고 생각해요. 그는 그의 학교, 선생님, 친구들을 사랑해요.

Practice

Ⓐ 알맞은 단어의 뜻을 찾아보세요.

grader ⑦ 학년(생)

bug ⑥ 벌레

town ① 마을

field trip ⑤ 현장 학습

take care of ② ~를 보살피다

farm ④ 농장

mountain ⑨ 산

grow ⑩ 기르다

take a picture of ⑧ ~의 사진을 찍다

interesting ③ 흥미로운

Ⓑ 문제를 읽고 알맞은 답을 찾아보세요.

1 윌리엄은 어디에 살고 있나요? **a**

2 윌리엄의 집에 없는 동물은 무엇인가요? **b**

3 윌리엄의 학교에 있는 작은 농장에서 무엇을 볼 수 있나요? **c**

4 윌리엄의 꿈은 무엇인가요? **a**

C 다음 이야기를 읽고 빈칸을 채워보세요.

Main Idea	William and his country life
	윌리엄과 그의 시골 생활
Home 집	He is a 6th grader and lives in a small town with many animals and his family.
	그는 6학년이고 많은 동물들과 가족들과 함께 작은 마을에 살아요.
School 학교	His school has a mini farm so every student can grow vegetables and take care of the animals.
	그의 학교에는 작은 농장이 있어서 학생들 누구나 채소를 기를 수 있고 동물들을 보살필 수 있어요.
Field 들판	He can also go out to the fields and mountains. He wants to be a doctor of trees.
	그는 또한 들판과 산으로 나갈 수 있어요. 그는 나무 박사가 되고 싶어요.

Unit 12 윌리엄의 보통의 하루

Warm up

- 일어난 후에 가장 먼저 무엇을 하나요?
- 수업이 몇 시에 시작해서 몇 시에 끝나나요?
- 방과 후에 보통 무엇을 하나요?

본문 해석

윌리엄의 하루는 아주 바쁩니다. 그는 오전 6시에 일어나요. 그 다음에 그의 개들, 토끼, 닭, 돼지, 그리고 오리에게 먹이를 줍니다. 동물들은 먹을 때 정말 엉망진창이에요.

윌리엄의 학교는 오전 9시에 시작해서 오후 3시 30분에 끝나요. 그는 점심 식사를 빨리 끝내요. 그러고 나서 그는 친구들과 잠깐 놀고 나서 작은 농장에 가서 동물들에게 먹이를 줘요.

방과 후에 윌리엄은 개들을 데리고 산책을 가요. 그러고 나서 제이드 누나하고 그의 모든 애완동물들과 함께 놀아줍니다. 그 이후에 그들은 함께 숙제를 해요. 그다음에 윌리엄은 애완동물들에게 음식을 줍니다.

윌리엄의 집에서는 모든 가족들이 저녁 식사 준비를 도와요. 그의 가족 모두 마당에 둘러앉아요. 그들은 저녁 식사를 하면서 그들의 하루에 대해 이야기를 해요. 그들은 작은 마을에서의 생활을 사랑해요.

Practice

A 알맞은 단어의 뜻을 찾아보세요.

feed ③ 먹이를 주다
mess ② 엉망진창
homework ⑩ 숙제
quickly ⑦ 빨리
together ① 함께
yard ⑨ 마당, 뜰
get up ④ 일어나다
life ⑤ 생활
make dinner ⑥ 저녁 식사를 준비하다
take out ⑧ 데리고 나가다

B 문제를 읽고 알맞은 답을 찾아보세요.

1 윌리엄은 몇 시에 일어나나요? a
2 점심 식사 후 윌리엄에 대한 것으로 사실이 아닌 것은 무엇인 가요? b
3 방과 후 윌리엄이 가장 먼저 하는 것은 무엇인가요? c
4 누가 저녁 식사를 준비하나요? c

C 다음 문장을 읽고 William의 하루를 순서대로 번호를 쓰세요.

③ Everyone in his family sits around in the yard together.
가족들 모두 마당에 함께 둘러앉습니다.

① William gets up at 6:00 AM and feeds the animals.
윌리엄은 오전 6시에 일어나서 동물들에게 먹이를 줍니다.

② They do their homework together.
그들은 함께 숙제를 해요.

Unit 13 애비 그레이

Warm up

- 엄마에 대해 얘기해 주세요. 그녀는 동물이나 자연을 좋아하시나요?
- 엄마가 아침에 가장 먼저 하시는 것은 무엇인가요?

본문 해석

애비 그레이는 윌리엄의 엄마예요. 그녀는 어렸을 때 동물들을 아주 많이 사랑했어요. 동물들은 어디에나 그녀 주변을 따라다녔어요. 그래서 그녀는 수의사가 되었어요.

애비는 요가도 사랑해요. 그녀는 대학생 때 요가를 시작해서 지금도 매일 요가를 해요. 사실, 그녀는 매일 아침 공원에 나가서 요가를 해요. 첫 번째, 그녀는 일어서서 두 손을 위로 듭니다. 두 번째, 그녀는 상반신을 아래로 구부립니다. 세 번째, 그녀는 등을 대고 반듯이 눕습니다. 네 번째, 그녀는 발에 힘을 줘 엉덩이를 들어 올립니다. 다섯 번째, 그녀는 깊은 숨을 몇 번 쉽니다. 그러고 나서 천천히 그녀의 엉덩이를 처음 위치로 내립니다. 마지막으로, 그녀는 배를 대고 누워 몸 전체를 약간 위로 들어 올립니다.

애비는 일과 가족들로 무척 바쁜 생활을 보냅니다. 건강은 그녀에게 아주 중요한데, 요가는 그녀가 건강을 유지하도록 도와줘요.

Practice

Ⓐ 알맞은 단어의 뜻을 찾아보세요.

follow ⑦ 따라가다

everywhere ⑧ 어디나

stand up ① 서다

raise ⑨ (손 등을) 들다

bend ⑤ 구부리다

lie flat ⑥ 반듯이 눕다

breath ④ 숨, 호흡

belly ⑩ 배

vet ② 수의사

stretch ③ 펴다

Ⓑ 문제를 읽고 알맞은 답을 찾아보세요.

1 애비의 직업은 무엇인가요? **b**

2 어렸을 때의 애비에 대해 진실이 아닌 것은 무엇인가요? **c**

3 애비는 요가를 언제 시작했나요? **b**

4 애비는 매일 아침 요가를 하러 어디에 가요? **a**

Ⓒ 다음 문장을 읽고 Abbie가 아침에 요가를 하는 순서대로 번호를 쓰세요.

② She bends her upper body down.
그녀는 상반신을 아래로 구부립니다.

③ She lifts her hips up by pressing her feet.
그녀는 발에 힘을 줘 엉덩이를 들어 올립니다.

① She lifts her hips up by pressing her feet.
그녀는 일어서서 두 손을 위로 듭니다.

Unit 14 애비의 동물병원

Warm up

- 엄마는 몇 시에 하루를 시작하시나요?
- 엄마는 무엇을 하는 걸 가장 좋아하시나요?

본문 해석

애비는 요가로 하루를 시작해요. 그녀는 오전 5시에 모닝 커피를 마셔요. 그러고 나서 그녀는 집 근처 들판으로 가서 동물 친구들과 요가를 해요. 그다음에 7시 30분에 집을 나서요.

애비는 하루하루가 바빠요. 그녀는 항상 예약이 많아요. 많은 동물들이 그녀의 동물병원에서 그녀를 기다리고 있어요.

병원에서 대부분의 동물들은 처음에는 다루기 힘들어요. 어떤 동물들은 검사 도중에 괴성을 질러요. 어떤 동물들은 애비가 주사를 놓으려고 하면 검사실에서 도망을 치려고 해요. 어떤 동물들은 호기심에 로비에서 여기저기 뛰어다녀요.

하지만 애비는 절대 놀라거나 화를 내지 않아요. 그녀는 동물들한테 말할 때 부드러운 어조와 조용한 목소리를 사용해요. 이 침착한 태도는 그녀가 그녀의 아픈 동물들을 자제시키는 데 도움이 돼요. 애비의 병원은 항상 바쁘지만 모든 동물들은 애비로부터 최고의 치료를 받아요.

Practice

Ⓐ 알맞은 단어의 뜻을 찾아보세요.

patient ③ 환자

veterinary clinic ④ 동물병원

injection ⑥ 주사

check-up ⑧ 검진

scream ⑦ 소리 지르다

run around ⑩ 뛰어다니다

examination ⑤ 검사

handle ② 다루다

curiosity ⑨ 호기심

surprised ① 놀란

Ⓑ 문제를 읽고 알맞은 답을 찾아보세요.

1 애비는 아침에 무엇을 마시나요? **a**

2 애비는 어디에서 일을 하나요? **c**

3 동물병원에서 애비를 기다리는 것은 무엇인가요? **a**

4 동물병원의 동물들에 대해 사실이 아닌 것은 무엇인가요? **c**

Ⓒ 다음 문장을 읽고 Abbie의 하루를 순서대로 번호를 쓰세요.

③ All the animals get the best treatment from Abbie.
모든 동물들은 애비로부터 최고의 치료를 받아요.

① Abbie starts her day with yoga.
애비는 요가로 하루를 시작해요.

② She leaves the house at 7:30.
그녀는 7시 30분에 집을 나서요.

Unit 15 리암 그레이

Warm up

- 아빠의 직업은 무엇인가요?
- 아빠는 무엇을 잘하시나요?
- 아빠는 보통 집에서 무엇을 하시나요?

리암 그레이는 윌리엄의 아빠이고 그는 농부예요. 하지만 그는 도시에 살 때는 마케터였어요. 사실 그는 더 젊었을 때는 아주 유명한 마케터였어요.

그는 웹사이트를 디자인하고 만드는 법을 알아요. 그는 디자인 프로그램을 매우 잘 사용하고, 캐릭터를 만들 수 있고 컴퓨터로 그림을 그릴 수 있어요. 그는 또한 사진을 잘 찍을 수 있어요.

그의 기술들 덕분에 리암은 온라인 가게를 열었어요. 그는 과일과 채소를 전부 거기에서 팔고 있어요. 그는 친구들의 농작물도 팔고 있어요.

그는 가까운 시일 내에 마을 농부들을 초대할 거예요. 그는 그들에게 온라인 가게에 대해 말할 거예요. 그다음에 그들은 리암과 함께 과일과 채소를 팔 수 있을 거예요. 리암은 아주 능력이 뛰어나고 좋은 사람이에요. 그는 항상 새로운 것을 시도하고, 그의 이웃들과 성공을 공유합니다.

Practice

A 알맞은 단어의 뜻을 찾아보세요.

marketer ⑥ 마케터

design ⑧ 디자인하다

website ① 웹사이트

be good at ② ~을 잘하다

character ⑦ 등장인물

share ③ 공유하다

skill ⑨ 기술

success ⑤ 성공

farm product ⑩ 농작물

talented ④ 재능이 있는

B 문제를 읽고 알맞은 답을 찾아보세요.

1 리암이 더 젊었을 때 그의 직업은 무엇이었나요? **c**

2 리암의 기술에 대해 사실이 아닌 것은 무엇인가요? **c**

3 리암이 온라인 가게에서 팔지 않는 것은 무엇인가요? **a**

4 가까운 시일 내에 리암은 누구를 초대할 예정인가요? **b**

C 다음 이야기를 읽고 빈칸을 채워보세요.

Main Idea	Liam Gray
	리암 그레이
Job 직업	He is a farmer. But he was a famous <u>marketer</u> when he was younger.
	그는 농부예요. 하지만 그는 더 젊었을 때 유명한 마케터였어요.
Skills 기술	He knows how to <u>design</u> and make websites. He is very good at using design programs, and he can make <u>characters</u> and <u>draw</u> pictures on the computer.
	그는 웹사이트를 디자인하고 만드는 법을 알아요. 그는 디자인 프로그램을 매우 잘 사용하고, 캐릭터를 만들 수 있고 컴퓨터로 그림을 그릴 수 있어요.
Future plan 장래의 계획	He will <u>invite</u> farmers in town and tell them about the <u>online</u> shop.
	그는 마을 농부들을 초대해서 온라인 가게에 대해 말할 거예요.

Unit 16 리암의 농장과 온라인 가게

Warm up

- 아빠가 회사에서 무슨 일을 하시는지 아나요?
- 아빠가 잘 못하시는 것은 무엇인가요?
- 아빠의 어떤 점이 자랑스러운가요?

리암 그레이는 바쁜 농부이자 사업가예요. 그는 과일과 채소를 키워요. 그러고 나서 그는 그것들을 농산물 직판장과 자신의 온라인 가게에서 팔아요. 품질이 좋고 건강에 좋은 과일과 채소를 키우는 것은 아주 어려워요.

봄에 리암은 씨를 뿌려요. 여름에 그는 잡초들을 뽑아요. 그는 멜론과 수박을 수확해서 그것들을 팔아요. 낮에는 아주 날씨가 더워져요. 그래서 그는 집에 가서 농사에 대해 연구하고, 온라인 업무를 처리합니다. 그는 온라인에서 과일과 채소를 팔기 위해 새로운 기술을 배워요.

가을에 그는 채소와 감을 수확해요. 겨울에 그는 돌아오는 계절을 위해 땅을 준비합니다. 그는 늦겨울에는 귤을 따고 그것들을 팔아요.

리암과 그의 친구들은 매일 아주 열심히 일해요. 리암과 같은 농부들 덕분에 사람들은 건강에 좋은 과일과 채소를 먹을 수 있어요.

Practice

A 알맞은 단어의 뜻을 찾아보세요.

watermelon ② 수박

businessman ⑤ 사업가

healthy ④ 건강에 좋은
plant seeds ① 씨를 심다
pick ③ 따다
go home ⑧ 집에 가다
persimmon ⑥ 감
tangerine ⑦ 귤
thanks to ⑨ ~ 덕분에
land ⑩ 땅

B 문제를 읽고 알맞은 답을 찾아보세요.

1 리암의 직업이 아닌 것은 무엇인가요? **b**
2 리암은 그의 과일과 채소를 어디에 파나요? **b**
3 리암은 봄에 무엇을 하나요? **a**
4 그는 겨울에 어떤 과일을 수확하나요? **c**

C 다음 문장을 읽고 Liam이 일 년 동안 하는 일을 순서대로 번호를 쓰세요.

① He plants seeds.
그는 씨를 뿌립니다.

③ He harvests vegetables and persimmons.
그는 채소와 감을 수확해요.

② He picks melons and watermelons.
그는 멜론과 수박을 땁니다.

Unit 17 제이드 그레이

Warm up

- 언니(누나, 여동생)는 몇 살인가요?
- 언니(누나, 여동생)가 가장 하기 좋아하는 것은 무엇인가요?

본문 해석

제이드 그레이는 윌리엄의 누나예요. 그녀는 고등학생이에요. 그녀는 십대 소녀이기도 해요.

제이드는 친구들과 문자로 이야기하는 것을 좋아해요. 그래서 그녀는 보통 그들과 함께 있을 때에도 그들에게 문자를 보냅니다. 그녀는 먹고 텔레비전을 보면서 그녀의 휴대전화를 보는 것을 좋아해요. 그녀는 항상 휴대전화를 가지고 다니는 것을 좋아해요. 하지만 그녀의 부모님은 그녀가 휴대전화를 너무 많이 사용하는 것을 원하지 않아요.

제이드는 또 걸그룹의 열렬한 팬이기도 해요. 그녀는 뮤직 비디오를 보고 노래를 따라서 부르는 걸 좋아해요. 그녀는 또한 그들의 패션과 화장을 따라 하는 걸 좋아해요. 그녀는 그들의 콘서트에 가는 것을 좋아해요. 그녀는 자신이 따라다니는 걸그룹 멤버들의 생일을 모두 기억할 수 있어요. 하지만 할아버지, 할머니의 생일은 기억하지 못해요. 그리고 그것은 부모님을 슬프게 해요.

Practice

A 알맞은 단어의 뜻을 찾아보세요.

teenage ⑤ 10대의
look at ④ ~을 보다
carry ② 가지고 다니다
cell phone ③ 휴대전화
high school ⑥ 고등학교
sing along ⑩ 노래를 따라 부르다
make-up ⑨ 화장
text ① 문자를 보내다
go to a concert ⑦ 콘서트에 가다
remember ⑧ 기억하다

B 문제를 읽고 알맞은 답을 찾아보세요.

1 제이드는 어떤 종류의 학생인가요? **b**
2 제이드는 친구들과 어떻게 연락을 유지하나요? **c**
3 제이드는 누구의 열렬한 팬인가요? **b**
4 제이드의 부모님은 왜 슬픈가요? **b**

C 다음 이야기를 읽고 빈칸을 채워보세요.

Main Idea	Jade Gray
	제이드 그레이
Jade Gray 제이드 그레이	Jade Gray is William's big **sister** and a high school **student**. 제이드 그레이는 윌리엄의 누나이고 고등학생이에요.
Cell phone 휴대전화	Jade likes to talk with her friends by **text**. She likes to **look** at her cell phone. She likes to **carry** her cell phone around all the time. 제이드는 친구들과 문자로 이야기하는 것을 좋아해요. 그녀는 휴대전화를 보는 것을 좋아해요. 그녀는 휴대전화를 항상 가지고 다니는 것을 좋아해요.
Girl groups 걸그룹	She is also a big **fan** of girl groups. She likes to watch music videos and **sing** along with their songs. 그녀는 또한 걸그룹의 열렬한 팬이에요. 그녀는 뮤직 비디오를 보고 노래를 따라 하는 것을 좋아해요.

Unit 18 제이드의 학교 축제

Warm up

- 언니(누나, 여동생)가 가장 좋아하는 음식은 무엇인가요?
- 언니(누나, 여동생)의 가장 좋아하는 가수는 누구인가요?
- 언니(누나, 여동생)가 잘하는 것은 무엇인가요?

본문 해석

제이드는 이번 달에 학교에서 학교 축제가 있어요. 제이드는 거기서 몇몇 친구들과 춤을 출 거예요. 그녀는 그 공연을 준비해야만 하기 때문에 매우 바쁠 거예요.

축제는 신나는 행사입니다. 많은 학생들이 여러 가지 것들을 준비할 거예요. 학생들은 축제를 위해서 음식 부스를 열 거예요. 그들은 떡볶이 부스와 달고나 부스를 열 거예요. 그들은 페이스 페인팅 부스를 열고, 장기자랑도 할 거예요. 학생들은 축제 때 하는 모든 게임에 대해 신이 날 거예요.

유명한 걸그룹이 축제 때 학교에 올 거예요. 모두 신이 나 있어요, 특히 제이드가 그래요. 그녀는 그것에 대해 매일매일 말해요.

제이드는 축제 동안에 정말 바쁠 것이기 때문에 아주 피곤할 거예요. 하지만 그녀는 축제에서 많이 즐기고 친구들과 좋은 추억을 만들 거예요.

Practice

Ⓐ 알맞은 단어의 뜻을 찾아보세요.

school festival ④ 학교 축제
enjoy ⑩ 즐기다
famous ② 유명한
exciting ⑤ 신나는
booth ③ 부스
event ⑧ 행사
performance ① 공연
talent show ⑥ 장기자랑
tired ⑦ 피곤한
memory ⑨ 기억, 추억

Ⓑ 문제를 읽고 알맞은 답을 찾아보세요.
1 이번 달에 제이드의 학교에서 무슨 행사가 있나요? **b**
2 학교 축제에서 제이드는 무엇을 할 예정인가요? **b**
3 학교 축제에 대해 사실이 아닌 것은 무엇인가요? **a**
4 누가 학교 축제에 올 예정인가요? **a**

Ⓒ 다음 이야기를 읽고 빈칸을 채워보세요.

Main Idea	Jade's school festival 제이드의 학교 축제
Jade's performance 제이드의 공연	Jade will **perform** a dance with her friends. She will be busy because she has to **prepare** for the performance. 제이드는 그녀의 친구들과 춤을 출 거예요. 그녀는 공연을 준비해야 하기 때문에 바쁠 거예요.

School festival 학교 축제	Students will have some food **booths**, a face-painting booth and a **talent** show. A famous girl group is **coming** to school. 학생들은 음식 부스, 페이스 페인팅 부스를 열고 장기자랑도 할 거예요. 유명한 걸그룹이 학교에 올 거예요.
Jade's feelings 제이드의 감정	Jade will be very **tired** because she will be busy. But she will **enjoy** it with her friends. 제이드는 아주 바쁠 것이기 때문에 매우 피곤할 거예요. 하지만 그녀는 그것을 친구들과 즐길 거예요.

Unit 19 윌리엄의 애완동물들

Warm up

- 어떤 종류의 애완동물을 키우나요?
- 애완동물에게 어떤 종류의 음식을 주나요?
- 애완동물이 가장 좋아하는 음식은 무엇인가요?

본문 해석

윌리엄은 개 두 마리, 토끼 한 마리, 닭 한 마리, 오리 한 마리, 그리고 돼지 한 마리를 키워요. 개 두 마리의 이름은 찰리와 맥스이고, 토끼는 데이지, 닭은 루시, 오리는 잭, 돼지는 아폴로예요.

아폴로는 남자 아이의 이름이지만 돼지는 암컷이에요. 아폴로는 전혀 여자 아이처럼 행동하지 않기 때문에 남자 아이 이름을 가졌어요.
찰리와 맥스는 형들 같아요. 데이지는 진짜 숙녀 같아요. 아폴로와 루시는 장난꾸러기 아이들 같고 그들은 항상 많은 문제를 일으켜요.

그들은 모두 윌리엄을 가장 좋아해요. 윌리엄은 그들에게 음식을 주고 그들과 놀아줍니다. 그들은 애비도 좋아하는데, 왜냐하면 애비는 동물들이 아플 때 그들을 보살펴주기 때문이에요. 애비와 윌리엄이 집에 올 때, 찰리와 맥스는 헬리콥터 날개처럼 꼬리를 흔들고 데이지는 바운시 캐슬(성 모양으로 된 놀이기구) 속의 아이처럼 뛰어요. 그리고 루시와 잭과 아폴로는 그들에게 바람처럼 달려가요.

Practice

Ⓐ 알맞은 단어의 뜻을 찾아보세요.
duck ④ 오리
never ① 결코 ~이 아니다
real ② 진짜의

naughty ⑤ 버릇없는
get into trouble ③ 말썽을 부리다
a lot of ⑦ 많은
wag ⑧ (꼬리를) 흔들다
helicopter ⑨ 헬리콥터
blade ⑩ 날, 날개깃
hop ⑥ 깡충깡충 뛰다

B 문제를 읽고 알맞은 답을 찾아보세요.

1 윌리엄이 키우고 있지 않은 애완동물은 무엇인가요? **c**

2 윌리엄의 애완동물에 대해 사실이 아닌 것은 무엇인가요? **a**

3 어떤 동물이 장난꾸러기 아이 같나요? **a**

4 애완동물들은 누구를 가장 좋아하고 그 이유는 무엇인가요? **a**

C 다음 이야기를 읽고 빈칸을 채워보세요.

Main Idea	William's pets
	윌리엄의 애완동물
Pets 애완동물	William **has** two dogs, a rabbit, a chicken, a duck, and a pig. 윌리엄은 개 두 마리와 토끼 한 마리, 닭 한마리, 오리 한 마리, 그리고 돼지 한 마리를 키워요.
Character 성격	The pig is a girl, but she never acts like a **girl**. Charlie and Max are like big **brothers**. Daisy is like a real **lady**. Apollo and Lucy are like **naughty** kids. 돼지는 암컷이지만 여자 아이처럼 행동하는 적이 절대 없어요. 찰리와 맥스는 형들 같아요. 데이지는 진짜 숙녀 같아요. 아폴로와 루시는 장난꾸러기 아이들 같아요.
Abbie and William 애비와 윌리엄	They all like Abbie and William. William **gives** them food and plays with them. Abbie **takes** care of them when they are sick. 그들은 모두 애비와 윌리엄을 좋아해요. 윌리엄은 그들에게 음식을 주고 놀아줘요. 애비는 그들이 아플 때 그들을 보살펴줘요.

Unit 20 애완동물들의 일상

Warm up

- 애완동물과 매일 무엇을 하나요?
- 애완동물은 당신이 그들과 놀아줄 때 어떤 게임을 좋아하나요?
- 애완동물과 외출하는 것을 좋아하나요?

본문 해석

윌리엄의 집에 사는 애완동물들은 아침에 일찍 일어나요. 루시가 아주 시끄럽게 꼬꼬댁 꼬꼬댁 하고 울기 때문에 오전 4시에 모두 잠이 깨요. 잭은 "그렇게 시끄럽게 굴지 마! 이렇게 일찍 울면 안 된다고!" 하고 꽥꽥대요. 하지만 찰리와 맥스는 조용히 있으면서 다른 동물들을 지켜봐요.

윌리엄이 오전 6시 30분쯤에 그들에게 음식을 가져다줄 때 루시는 꼬꼬댁거리기 시작하고 잭은 계속 꽥꽥거리고, 아폴로는 꿀꿀대며 여기저기 돌아다니고, 데이지는 폴짝폴짝 뛰어다니기 시작해요. 찰리와 맥스는 거실을 이리저리 뛰어다니기 시작해요. 윌리엄은 그들을 진정시키면서 말해요. "앉아! 나한테 뛰어오르면 안 돼!"

윌리엄과 애비가 집을 나설 때 모든 애완동물은 문가에 앉아요. 그들에게 작별인사를 하는 것 같아요. 찰리와 맥스는 아침 내내 거기에 앉아 있어요.

"문 앞에 앉아 있으면 안 돼. 들어들 가자." 하고 리암이 말해요. 모두들 윌리엄이 집에 올 때까지 리암 주위에 머물러요. 그리고 나면 모두들 다시 활기차게 돼요.

Practice

A 알맞은 단어의 뜻을 찾아보세요.

early bird ⑥ 아침 일찍 일어나는 사람

quack ② 꽥꽥거리다

noisy ⑨ 시끄러운

mustn't ⑧ ~해서는 안 된다

cry ⑩ 울부짖다

cluck ⑦꼬꼬댁거리다

continue ④ 계속하다

look like ③ ~처럼 보이다

say good-bye ① 작별인사를 하다

full of ⑤ ~로 가득 찬

B 문제를 읽고 알맞은 답을 찾아보세요.

1 루시는 모두를 몇 시에 깨우나요? **a**

2 잭이 내는 소리에 대해 사실인 것은 무엇인가요? **a**

3 오전 6시 30분쯤에 음식을 가져다주는 것은 누구인가요? **c**

4 찰리와 맥스는 보통 아침에 윌리엄이 집을 나선 다음에 무엇을 하나요? **c**

C 다음 문장을 읽고 William의 Pets의 하루를 순서대로 번호를 쓰세요.

② William brings their food around 6:30 AM.
윌리엄은 오전 6시 30분쯤 음식을 가져다줍니다.

③ Everybody stays around Liam until William comes home.
모두들 윌리엄이 집에 올 때까지 리암 주변에 머물러요.

① At 4:00 AM, everyone wakes up because Lucy clucks,

clucks, clucks very loudly.
오전 4시에 루시가 아주 시끄럽게 꼬꼬댁 꼬꼬댁 하고 울기 때문에 모두들 잠에서 깹니다.

Part III

Places in the House
집 안의 장소들

Vocabulary Review 2 (Unit 11-20)

Ⓐ 일치하는 우리말 뜻을 찾아 쓰세요.

1 **j**-농장	2 **f**-먹이를 주다	3 **b**-펴다
4 **d**-치료하다	5 **h**-마케터	6 **a**-수박
7 **c**-10대의	8 **i**-학교 축제	9 **e**-버릇없는
10 **g**-시끄러운		

Ⓑ 반의어를 찾아 연결하세요.

1 interesting 흥미로운 - boring 지루한
2 remember 기억하다 - forget 잊다
3 healthy 건강한 - unhealthy 건강하지 못한
4 start 시작하다 - finish 끝내다
5 quickly 빨리 - slowly 천천히
6 noisy 시끄러운 - quiet 조용한

Ⓒ 단어를 골라 문장을 완성해보세요.

1 grow, 학생들 모두 채소를 키울 수 있어요.
2 ends, 윌리엄의 학교는 오전 9시에 시작해서 오후 3시 30분에 끝마칩니다.
3 Second, 두 번째, 그녀는 상반신을 아래로 구부립니다.
4 run, 몇몇 동물들은 검사실에서 도망을 치려고 해요.
5 will, 그는 가까운 시일 내에 마을 농부들을 초대할 거예요.
6 picks/sells, 그는 멜론과 수박을 따서 그것들을 팔아요.
7 carry, 그녀는 휴대전화를 항상 가지고 다니는 것을 좋아해요.
8 prepare, 많은 학생들이 여러 가지 것들을 준비할 거예요.
9 like, 찰리와 맥스는 헬리콥터 날개처럼 꼬리를 흔들어요.
10 must not, 문 앞에 있으면 안 돼.

Ⓓ 알맞은 단어를 써서 문장을 완성해보세요.

1 take, 모든 학생들은 농장에서 동물들을 보살필 수 있어요.
2 for, 방과 후에, 윌리엄은 개들을 데리고 산책을 나가요.
3 do, 그러고 나서 그들은 함께 숙제를 해요.
4 stay, 건강은 그녀에게 매우 중요해요. 그리고 요가는 그녀가 건강을 유지하도록 도와줘요.
5 into, 그들은 항상 많은 문제를 일으켜요.
6 good, 그는 디자인 프로그램들을 잘 사용해요.
7 to, 그녀는 그들의 콘서트에 가는 것을 좋아해요.
8 make, 그녀는 축제에서 친구들과 좋은 추억을 만들 거예요.

Unit 21 사랑스러운 내 방

Warm up
- 여러분 방에는 어떤 물건들이 있나요?
- 여러분 방은 무슨 색인가요?
- 여러분의 방을 좋아하나요? 왜 좋아하나요? 혹은 왜 좋아하지 않나요?

본문 해석

릴리의 방에는 많은 물건들이 있어요. 그녀의 방에는 침대 하나, 책상 하나, 그리고 책들이 많이 꽂혀 있는 책장들이 있어요. 한쪽 벽면에는 커튼이 달린 작은 창문들이 있어요. 귀여운 옷들이 많이 들어 있는 옷장이 있고요.

릴리는 그녀의 방에서 많은 것들을 할 수 있어요. 그녀는 침대에서 잠을 자거나 쉴 수 있어요. 그녀는 책상에서 숙제를 할 수 있어요. 그녀는 옷장에 옷들을 보관할 수 있어요.

릴리의 방이 특별한 점이 있다면 무엇일까요? 그녀의 방에는 천장에 무지개와 구름 그림이 있어요. 그녀가 침대에 누워 있을 때 그것은 하늘처럼 보여요. 한쪽 구석에는 커다란 분홍색 빈백의자도 있어요. 책을 읽을 때 그것은 아주 편안해요. 그녀의 방은 서재이기도 하고 동시에 휴식을 위한 공간이에요. 그녀는 자기 방을 아주 좋아해요.

Practice

Ⓐ 알맞은 단어의 뜻을 찾아보세요.

beanbag ② 빈백 의자(오자미)
bookshelf ⑤ 책장
clothes ① 옷
closet ③ 옷장
drawing ⑩ 그림
rest ④ 휴식
keep ⑧ 보관하다
ceiling ⑦ 천장
study ⑥ 서재
cloud ⑨ 구름

Ⓑ 문제를 읽고 알맞은 답을 찾아보세요.

1 릴리의 방에 없는 것은 무엇인가요? **c**
2 릴리가 그녀의 방에서 할 수 없는 것은 무엇인가요? **a**
3 릴리의 창문에 대해 사실이 아닌 것은 무엇인가요? **c**
4 릴리의 방은 왜 특별한가요? **a**

⑥ 다음 이야기를 읽고 빈칸을 채워보세요.

Main Idea	Lily's lovely bedroom
	릴리의 사랑스러운 방
Things 1 물건 1	In Lily's bedroom, there is a bed, a desk, and **bookshelves**. There are small **windows** and a closet, too. 릴리의 방에는 침대 하나, 책상 하나, 책장들이 있어요. 작은 창문들과 옷장도 있어요.
Doing 하는 일	She can **sleep** or **get** some rest on her bed. She can do her homework at her desk and **keep** her clothes in her closet. 그녀는 침대에서 잠을 자거나 쉴 수 있어요. 그녀는 책상에서 숙제를 할 수 있고, 옷장에 옷을 보관할 수 있어요.
Things 2 물건 2	There is a drawing of a **rainbow** and clouds on the ceiling. 천장에는 무지개와 구름들 그림이 있어요.

Unit 22 멋진 우리 부엌

Warm up

- 요리하는 것을 좋아하나요? 왜 좋아하나요? 혹은 왜 좋아하지 않나요?
- 집에서 누가 보통 요리를 하나요?
- 아침으로 보통 무엇을 먹나요?

본문 해석

릴리의 가족은 아주 멋진 부엌을 가지고 있어요. 그들의 부엌에는 멋진 물건들이 많이 있어요.

식탁 옆에는 두 개의 큰 오븐과 벽걸이 텔레비전이 있어요. 그들은 혼자 밥 먹을 때 그것을 봐요. 그들은 수납을 위한 서랍과 찬장이 많이 있어요. 중앙에는 가스레인지와 싱크대가 달린 커다란 아일랜드 식탁이 있어요. 그들은 이야기를 하면서 거기에서 식사를 준비할 수 있어요.

릴리는 가족들을 위해 식사를 만드는 것을 좋아해요. 그것은 주로 땅콩버터를 바른 샌드위치나 딸기잼 토스트 같은 간단한 요리예요. 하지만 그녀는 가끔 빵피자를 만들기도 해요. 먼저 오븐용 쟁반에 빵을 올립니다. 그다음에 그녀는 토마토 소스를 빵 위에 펴 바르고, 햄 조각들을 얹고, 맨 위에는 치즈를 뿌리고 그것을 오븐에 넣어요.
모두들 릴리의 피자를 좋아하고 부엌에서 함께 시간을 보내는 걸 즐겨요.

Practice

④ 알맞은 단어의 뜻을 찾아보세요.

cool ③ 멋있는
tray ① 쟁반
oven ⑤ 오븐
cupboard ② 찬장
storage ④ 보관
meal ⑨ 식사
spread ⑦ (얇게) 바르다
peanut butter ⑥ 땅콩버터
gas stove ⑩ 가스레인지
sprinkle ⑧ 뿌리다

⑧ 문제를 읽고 알맞은 답을 찾아보세요.

1 식탁 옆에 무엇이 있나요? **c**
2 릴리의 가족들이 수납을 위해 사용하는 것은 무엇인가요? **a**
3 릴리가 가족들의 위해 만드는 음식은 어떤 종류인가요? **c**
4 릴리와 릴리의 가족에 대해 사실인 것은 무엇인가요? **b**

⑥ 다음 문장을 읽고 Lily가 bread pizza를 만드는 방법을 순서대로 번호를 쓰세요.

③ She puts it in the oven.
   그녀는 그것을 오븐에 넣어요.
① She puts bread on an oven tray.
   그녀는 오븐용 쟁반 위에 빵을 놓아요.
② She spreads tomato sauce on the bread, adds ham slices, and sprinkles cheese on top.
   그녀는 빵 위에 토마토 소스를 펴 바르고, 햄 조각들을 얹고 맨 위에 치즈를 뿌립니다.

Unit 23 올리비아의 편안한 욕실

Warm up

- 여러분의 욕실에는 어떤 물건들이 있나요?
- 여러분은 욕실에서 무엇을 하나요?
- 여러분은 여러분의 욕실을 좋아하나요?

본문 해석

올리비아는 욕실에서 많은 시간을 보내요. 그녀는 화장을 하고 머리도 합니다. 그녀는 오랫동안 목욕이나 샤워를 할 때 노래를 불러요. 그녀는 이따금 욕실에서 책을 읽어요. 올리비아는 욕실에 있을 때 좋은 생각들을 떠올릴 수 있어요. 왜냐하면 욕실은 아주 조용하고 그녀가 거기에 있을 때 모두들 그녀를 가만히 내버려 두기 때문이에요.

욕실에 몇 가지 문제점이 있어요. 올리비아는 욕실이 너무 춥고, 어둡고, 아주 오래되었다고 생각해요. 그녀는 그게 마음에 들지 않아요.

올리비아는 그녀의 욕실을 꾸밀 예정이에요. 그녀는 새 욕조, 새 샤워기, 새 세면기, 그리고 새 욕실장을 살 거예요. 모두 새롭고, 따뜻하고, 더 밝고 더 편안할 거예요. 그녀는 새 욕실을 갖게 될 것에 너무 신이 나요. 그녀는 그것을 빨리 보고 싶어요.

Practice

(A) 알맞은 단어의 뜻을 찾아보세요.

have a bath ⑤ 욕조 목욕을 하다
have a shower ④ 샤워를 하다
think of ① ~가 생각나다
bathtub ⑩ 욕조
dark ⑨ 어두운
comfortable ⑦ 편안한
leave alone ② 가만히 놔두다
problem ③ 문제
decorate ⑥ 꾸미다
basin ⑧ 세면기

(B) 문제를 읽고 알맞은 답을 찾아보세요.
1 올리비아가 욕실에서 하지 않는 것은 무엇인가요? **c**
2 올리비아의 욕실은 무엇이 문제인가요? **b**
3 올리비아는 무엇을 할 예정인가요? **b**
4 올리비아는 새 욕실에 대해서 어떤 느낌을 가지고 있나요? **a**

(C) 다음 이야기를 읽고 빈칸을 채워보세요.

Main Idea	Olivia's comfortable bathroom 올리비아의 편안한 욕실
Things to do in the bathroom 욕실에서 하는 일	She **puts** on make-up and does her hair. She sings, reads, and **thinks** of good ideas because everybody **leaves** her alone. 그녀는 화장을 하고 머리를 해요. 그녀는 노래를 하고, 책을 읽고, 그리고 모두가 그녀를 혼자 내버려 두기 때문에 좋은 생각들도 떠올라요.
A problem with bathroom 욕실의 문제점	There are some **problems** with the bathroom. She thinks the bathroom is too **cold** and old. 욕실은 몇 가지 문제가 있어요. 그녀는 욕실이 너무 춥고 오래되었다고 생각해요.
The new bathroom 새 욕실	Olivia is going to **decorate** her bathroom. She's going to get a new **bathtub**, a new shower, a new basin, and a new bathroom cabinet. 올리비아는 그녀의 욕실을 꾸밀 예정이에요. 그녀는 새 욕조, 새 샤워기, 새 세면기, 새 욕실장을 살 거예요.

Unit 24 리암의 큰 거실

Warm up

- 여러분은 큰 거실 가지고 싶나요 아니면 작은 거실을 가지고 싶나요? 이유는 무엇인가요?
- 거실에는 어떤 물건들이 있나요?
- 거실에서 가장 좋아하는 장소는 어디인가요?

본문 해석

리암의 거실은 매우 커요. 그는 거기서 파티를 자주 하기 때문에 큰 거실이 필요해요. 그는 아주 커다란 텔레비전이 있어서 가끔 이웃들과 축구 경기를 볼 수 있어요.

거실의 바닥은 아주 어둡기 때문에 애완동물들이 정원에서 더러워진 발로 들어와도 발자국이 보이지 않아요. 소파 옆에는 큰 줄무늬 깔개가 있어요. 깔개 위에는 나무로 된 커다란 둥근 탁자가 있어요. 리암은 그 탁자를 정말 좋아해요.

리암은 많은 사람들이 거기에 앉을 수 있도록 큰 소파를 샀어요. 하지만 그의 애완동물들이 소파에 앉아서 사람들이 앉을 공간이 없어요. 리암은 이따금 애완동물들에게 "내려가!" 하고 소리를 질러요. 하지만 애완동물들은 절대 내려가지 않아요. 리암은 동물들이 소파를 차지한 것만 빼면 거실이 대체로 마음에 들어요. 그는 그의 소파를 되찾기를 원해요!

Practice

(A) 알맞은 단어의 뜻을 찾아보세요.

often ③ 자주
giant ① 거인, 거대한
neighbor ⑤ 이웃
floor ② 바닥
footprint ④ 발자국
striped ⑦ 줄무늬의
couch ⑧ 소파
wooden ⑥ 나무로 된
space ⑩ 공간
get down ⑨ 내려가다

(B) 문제를 읽고 알맞은 답을 찾아보세요.
1 리암은 왜 큰 거실이 필요한가요? **a**
2 거실의 바닥은 왜 어둡나요? **c**
3 깔개 위에는 무엇이 있나요? **b**
4 리암의 거실에 대해 사실이 아닌 것은 무엇인가요? **b**

(C) 다음 이야기를 읽고 빈칸을 채워보세요.

Main Idea	Liam's big living room 리암의 큰 거실

A huge living room 아주 큰 거실	Liam needs a **big** living room because he **often** has parties there. 리암은 거기에서 파티를 자주 하기 때문에 큰 거실이 필요해요.
Things in the living room 거실에 있는 물건	The **floor** is very dark. There is a big **striped** rug and a big **wooden** table on the rug. 바닥은 아주 어두워요. 큰 줄무늬의 깔개가 있고, 깔개 위에는 나무로 된 큰 탁자가 있어요.

since ⑧ ~ 이후로
in the center of ⑥ ~의 중앙에
replace ⑦ 교체하다

B 문제를 읽고 알맞은 답을 찾아보세요.

1 애비는 오래된 식물들을 새 식물들로 언제 바꾸나요? **b**

2 애비의 애완동물들은 그녀의 집에 언제 왔나요? **c**

3 모든 나무들과 식물들은 지금 애비의 정원 어디에 있나요? **b**

4 애비의 새 정원에 대해 사실이 아닌 것은 무엇인가요? **b**

C 다음 이야기를 읽고 Abbie's garden의 7년 전과 현재를 비교하는 내용에 빈칸을 채워보세요.

7 years ago 7년 전에	Now 현재
She had **plants** and trees **everywhere** in the garden. 그녀의 정원에는 식물들과 나무들이 사방에 있었어요.	All the **trees** and plants are on the **side** of the **garden**. 모든 나무들과 식물들은 정원의 한편에 있어요.
Her pets **couldn't** play in the garden. 그녀의 애완동물들은 정원에서 놀 수 없었어요.	Her pets play in the garden **all the time**. 그녀의 애완동물들은 항상 정원에서 놀아요.

Unit 25 애비의 동물(들을 위한) 정원

Warm up

- 자신이 직접 식물을 심어본 적이 있나요?
- 어떤 종류의 식물을 키우나요?
- 얼마나 자주 식물에 물을 주나요?

본문 해석

애비는 크고 아름다운 정원이 있어요. 매년 봄에 그녀는 꽃집에 가서 새 식물들을 사요. 그다음에 그녀는 몇몇 식물들을 새 식물들로 바꿔요.

7년 전 그녀의 모든 애완동물들이 애비의 집으로 오기 전에 그녀의 예전 정원에는 식물들과 나무들이 사방에 있었어요. 그곳은 아름답게 보였지만, 그녀의 애완동물들을 위한 공간은 전혀 없었어요.

그녀의 애완동물들이 온 후로 많은 것이 변했어요. 모든 나무들과 식물들은 정원의 중앙에 있었어요. 그녀는 두 달 동안 아주 열심히 작업을 했어요. 이제 모든 나무들과 식물들은 정원의 한편에 있어요.

그녀의 애완동물들은 7년 전에는 정원에서 놀 수 없었어요. 하지만 이제 그들은 항상 정원에서 놀아요. 애완동물들은 중앙에서 놀고 식물들이 그들을 둘러싸고 있어요. 아름다운 정원과 그녀의 행복한 애완동물들은 애비를 항상 미소 짓게 해줘요.

Practice

A 알맞은 단어의 뜻을 찾아보세요.

garden ⑤ 정원

every ① 매 ~, ~마다

florist ④ 꽃집 주인

surround ③ 둘러싸다

all the time ⑨ 항상

ago ② ~ 전에

plant ⑩ 심다

Unit 26 윌리엄의 지하 영화관

Warm up

- 여러분의 집에는 지하실이 있나요?
- 지하실을 어떻게 사용하고 있나요?

본문 해석

윌리엄은 그의 지하실에 비밀의 방이 있어요. 그의 가족들은 처음에는 지하실을 창고로 사용했어요. 어느 날 윌리엄이 그의 부모님에게 물었어요. "제가 지하실을 사용해도 될까요?" 그의 부모님은 말했어요. "물론이지!"

윌리엄은 오래된 커튼을 발견해서 그것들을 벽 주위에 둘렀어요. 그는 아주 큰 하얀색 종이를 구해서 한쪽 벽에 붙였어요. 그다음에 그는 그의 방에서 빈백 의자를 몇 개 가져와서 그것들을 바닥에 놓았어요. 그는 그의 아빠의 사무실에서 아빠의 오래된 빔 프로젝터를 가져와서 천장에 그것을 달았어요.

그것은 집 영화관이었어요. 윌리엄은 가족들에게 자신의 영화관에 대해 말했어요. 모두들 지하 영화관으로 내려왔어요. 모두들 윌리엄이 작업한 지하실을 보았을 때 놀랐어요. 그들은 편안한 빈백 의자에 앉고 윌리엄은 빔 프로젝터를 켰어요. 모두들 영화를 보고 그들은 모두 집 영화관을 즐겼습니다. 윌리엄은 아주 기뻤습니다.

Ⓐ 알맞은 단어의 뜻을 찾아보세요.

secret ⑤ 비밀
find ① 발견하다
basement ④ 지하실
come down ⑧ 내려오다
stick ③ 박다, 붙이다
cinema ⑦ 영화, 영화관
lay ② 놓다
amazed ⑩ 놀란
turn on ⑥ 켜다
pleased ⑨ 기쁜

Ⓑ 문제를 읽고 알맞은 답을 찾아보세요.

1 윌리엄의 비밀의 방은 무엇을 위한 곳인가요? **a**
2 윌리엄이 그의 비밀의 방을 꾸밀 때 하지 않은 것은 무엇인가요? **b**
3 윌리엄은 빔 프로젝터를 어디에서 가져왔나요? **c**
4 윌리엄의 가족은 지하 영화관에서 무엇을 했나요? **c**

Ⓒ 다음 문장을 읽고 basement cinema를 꾸민 방법을 순서대로 번호를 쓰세요.

② He brought some beanbag chairs and laid them on the floor.
  그는 빈백 의자를 몇 개 가져와서 그것들을 바닥에 두었어요.

① He found some curtains and put them around the walls.
  그는 커튼을 몇 개 찾아서 벽 주위에 둘렀어요.

③ He took his dad's old beam projector and stuck it on the ceiling.
  그는 아빠의 오래된 빔 프로젝터를 가져와서 천장에 달았어요.

Unit 27 제이드의 다락방

Warm up

- 여러분의 집에는 다락방이 있나요?
- 여러분의 다락방을 묘사할 수 있나요?
- 다락방을 좋아하나요? 왜 그런가요?

본문 해석

제이드는 지하 영화관에 대해 들었을 때 부러워졌어요. "다락방은 제가 가져도 돼요?" 하고 부모님한테 졸랐어요. 그녀의 부모님은 고개를 끄덕이고 말했어요. "물론이지!"

제이드는 먼저 다락방을 청소했어요. 그다음에 그녀는 모든 벽과 천장을 하얀색 페인트로 칠했어요. 제이드의 가족들도 합세해서 그녀가 다락방을 칠하는 것을 도왔어요. 모두들 아주 놀라서 말했어요. "정말 멋지다! 끝내준다!"

그녀는 작은 텔레비전, 오래된 탁자 두 개, 소파 그리고 의자 몇 개를 차고에서 다락방에서 옮겨왔어요. 그러고 나서 그녀는 그녀의 엄마한테 모든 침대 커버를 빌려와서 소파와 의자들을 씌웠어요.

제이드는 그곳을 꾸미는 일을 마쳤을 때 하루 친구들을 그녀의 다락방으로 초대했어요. 제이드의 엄마는 소녀들을 위해 케이크를 구워주었고 그들은 맛있게 먹었어요. 그들은 다락방에서 오랫동안 이야기를 했어요. 제이드는 자신이 한 작업이 아주 만족스러웠어요!

Ⓐ 알맞은 단어의 뜻을 찾아보세요.

attic ④ 다락방
beg ① 애원하다
nod ② 끄덕이다
clean ⑤ 청소하다
paint ③ 페인트칠을 하다
join ⑩ 합류하다
envious ⑨ 부러워하는
borrow ⑦ 빌리다
cover ⑧ 덮다
bake ⑥ (음식을) 굽다

Ⓑ 문제를 읽고 알맞은 답을 찾아보세요.

1 제이드는 지하 영화관에 대해 들었을 때 어떤 느낌을 받았나요? **a**
2 제이드는 다락방을 갖게 되었을 때 가장 먼저 무엇을 했나요? **a**
3 제이드가 페인트를 칠할 때 누가 함께 했나요? **a**
4 제이드가 친구들을 다락방에 초대했을 때 사실인 것은 무엇인가요? **c**

Ⓒ 다음 문장을 읽고 Jade가 attic을 꾸미는 방법을 순서대로 번호를 쓰세요.

① She painted all the walls and the ceiling with white paint.
  그녀는 모든 벽과 천장을 하얀색으로 페인트칠을 했어요.

③ She borrowed all the bed covers and covered the sofa and the chairs.
  그녀는 모든 침대 커버를 빌려와서 소파와 의자들을 씌웠어요.

② She moved a TV, two old tables, a sofa, and some chairs to the attic from the garage.
  그녀는 텔레비전 하나, 오래된 탁자 두 개, 소파 하나 그리고 의자 몇 개를 차고에서 다락방으로 옮겼어요.

 **Unit 28** 엘리엇의 발코니

본문 해석

엘리엇은 발코니 정원이 있어요. 전형적인 아파트 발코니는 콘크리트 벽과 콘크리트 바닥 등 콘크리트로 만들어져 있어요. 하지만 엘리엇의 발코니는 조금 다른데요 어떤 게 다른지 다음과 같습니다.

엘리엇은 바닥에 나무 타일을 깔았어요. 그것은 콘크리트 바닥보다는 훨씬 더 보기 좋고 더 따뜻합니다. 그다음에 그는 큰 나무 틀을 벽에 설치하고 공중걸이 식물들을 추가했어요. 그는 또한 계절에 피는 많은 꽃과 큰 화분들을 발코니 주변에 놓았어요. 한쪽 구석에는 매달아 두는 의자를 두고, 중앙에는 작은 탁자와 의자들을 놓았어요.

엘리엇은 이전에는 독서를 좋아하지 않았어요. 하지만 지금은 발코니 정원 때문에 독서를 좋아해요! 그는 밤낮으로 탁자나 매달린 의자에 앉아 책을 읽어요! 애완동물들도 거기에 앉는 것을 좋아해요. 그들은 햇빛을 즐기면서 앉아서 밖을 내다봐요. 그곳은 아름다운 발코니 정원이에요.

Practice

Ⓐ 알맞은 단어의 뜻을 찾아보세요.

frame ⑧ 틀
typical ④ 전형적인
apartment ② 아파트
be made of ⑤ ~로 만들어지다
corner ① 구석
day and night ③ 밤낮으로
hanging ⑨ 매달린, 벽걸이의
seasonal ⑩ 계절에 따라 다른
plant pot ⑥ 화분
concrete ⑦ 콘크리트

Ⓑ 문제를 읽고 알맞은 답을 찾아보세요.
1 아파트에 있는 전형적인 발코니는 무엇으로 만들어지나요? **b**
2 엘리엇은 왜 바닥에 나무 타일을 두었나요? **c**
3 작은 탁자와 의자들은 어디에 있나요? **a**
4 발코니 정원에 대해 사실이 아닌 것은 무엇인가요? **b**

Ⓒ 다음 이야기를 읽고 빈칸을 채워보세요.

Main Idea	Eliot's balcony garden 엘리엇의 발코니 정원

Balcony 발코니	Eliot's **balcony** is a little different. 엘리엇의 발코니는 조금 달라요.
Things 물건	Eliot put some **wooden** tiles on the floor. Then he put a big wooden **frame** on a wall and added some **hanging** plants. 엘리엇은 바닥에 나무로 된 타일을 깔았어요. 그리고 나서 그는 큰 틀을 벽에 설치하고 공중걸이 식물들을 추가했어요.
Doing 하는 일	Eliot loves **reading** because of the balcony garden. The pets sit and look **outside** while they enjoy the sun. 엘리엇은 발코니 정원 때문에 독서를 좋아해요. 애완동물들도 햇빛을 즐기면서 앉아서 밖을 내다봐요.

 Unit 29 애완동물들의 팬트리

본문 해석

팬트리는 보관을 위한 장소예요. 사람들은 보통 팬트리에 식료품을 보관해요. 윌리엄의 집에는 아주 큰 팬트리가 있어요. 그것은 가족들과 애완동물들을 위한 것인데요 그래서 아주 커야 해요.

윌리엄의 가족은 식료품을 사서 팬트리에 보관해요. 그들은 쌀, 국수, 시리얼, 쿠키, 파스타 소스, 화장실 휴지 등등 많은 것들을 사요. 그들은 또한 애완동물들을 위한 음식과 간식들도 사요.

찰리와 맥스, 두 마리 개들은 팬트리에 대해 알아요. 가끔 그들은 팬트리에 들어가서 자신들의 음식을 찾아요. 그들은 음식 가방을 파헤쳐서 음식과 간식들을 먹어요. 그들은 종종 먹으면서 아주 지저분하게 만들어요. 가끔 그들은 다른 애완동물들도 팬트리로 데리고 가서 모두들 선반에 있는 음식을 즐겨요. 찰리와 맥스는 나쁘게 굴고 있어요. 그들은 곧 큰 곤경에 처할 거예요!

Practice

Ⓐ 알맞은 단어의 뜻을 찾아보세요.

pantry ④ 식료품 저장실
store ① 저장하다
dig ⑦ 파헤치다

look for ⑤ ~을 찾다
toilet paper ③ 화장실 휴지
and so on ⑨ 기타 등등
treat ⑩ 간식
grocery ② 식료품
shelf ⑧ 선반
in trouble ⑥ 곤경에 빠져서

B 문제를 읽고 알맞은 답을 찾아보세요.

1 팬트리는 무엇인가요? **b**

2 윌리엄가족이 팬트리에 보관하지 않는 것은 무엇인가요? **c**

3 윌리엄의 팬트리는 어떻게 생겼나요? **a**

4 두 마리 개에 대한 사실이 아닌 것은 무엇인가요? **c**

C 다음 이야기를 읽고 빈칸을 채워보세요.

Main Idea	The pets' pantry 애완동물들의 팬트리
Pantry 팬트리	William has a **pantry** in his house. It is very **big**. It is for the family and the **pets**, so it needs to be big. 윌리엄은 집에 팬트리가 있어요. 그것은 아주 커요. 그것은 가족들과 애완동물들을 위한 것이에요. 그래서 그것은 커야 해요.
Things 물건들	William's family buys food and **treats** for their pets. 윌리엄의 가족들은 그들의 애완동물들을 위한 음식과 간식들을 사요.
Pets 애완동물들	The two dogs **know** about the pantry. They **go** in the pantry and eat their food and treats. Sometimes they **take** the other pets to the pantry. They are being **bad** boys. 개 두 마리는 팬트리에 대해 알아요. 그들은 팬트리에 들어가서 음식과 간식을 먹어요. 가끔씩 그들은 다른 애완동물들도 팬트리에 데리고 가요. 그들은 나쁘게 굴고 있어요.

Unit 30 케빈의 세탁실

Warm up

- 여러분의 세탁실은 얼마나 큰가요?
- 세탁실에는 어떤 물건들이 있나요?
- 여러분이 맡고 있는 집안일은 무엇인가요?

본문 해석

케빈의 집에는 세탁실이 있어요. 요즘 대부분의 집이나 아파트의 세탁실은 작아요. 하지만 케빈의 세탁실은 아주 크고 깨끗해요!

케빈의 세탁실에는 세탁기, 건조기, 그리고 그 옆에 보관장이 있어요. 케빈의 가족들은 보관장에 세탁용 세제를 보관해요. 그 위에는 옷걸이가 있어서 옷을 걸 수 있어요. 보관장 옆에는 옷장이 있어요. 옷장 옆에는 선반들과 서랍들이 있어요. 케빈의 세탁실에는 많은 다양한 물건들을 보관할 수 있어요.

케빈의 가족들은 모두 집안일을 나누어서 해요. 케빈은 세탁 담당이지만 그것을 아주 잘하지는 못해요. 그는 색깔이 있는 옷과 흰 옷을 계속 섞어 빨래를 하기 때문에 옷에 얼룩이 생기기도 해요. 그는 가끔 매우 뜨거운 물로 빨래를 해서 옷이 줄어들기도 해요. 케빈은 형편없는 세탁 담당이지만 그는 계속 시도할 거예요.

Practice

A 알맞은 단어의 뜻을 찾아보세요.

laundry room ② 세탁실
neat ① 깔끔한
dryer ⑤ 건조기
washing machine ③ 세탁기
cabinet ④ 보관장
laundry detergent ⑧ 세탁용 세제
shrink ⑥ 줄어들게 하다
drawer ⑦ 서랍
house chore ⑩ 집안일
terrible ⑨ 형편없는

B 문제를 읽고 알맞은 답을 찾아보세요.

1 케빈의 세탁실은 어떻게 생겼나요? **b**

2 케빈의 세탁실에는 어떤 물건이 있나요? **c**

3 케빈의 가족 중에서 누가 세탁을 책임지고 있나요? **c**

4 케빈의 세탁실에 대한 것으로 사실이 아닌 것은 무엇인가요? **a**

C 다음 이야기를 읽고 빈칸을 채워보세요.

Main Idea	Kevin's laundry room 케빈의 세탁실
Kevin's big laundry room 케빈의 큰 세탁실	Kevin's laundry room is very big and **neat**. 케빈의 세탁실은 아주 크고 깨끗해요.
Things in the laundry room 세탁실의 물건들	There is a washing **machine**, a dryer, and a cabinet next to them. There is a clothes **rack** and a closet next to the **cabinet**. 세탁기, 건조기, 그리고 그 옆에는 보관장이 있어요. 보관장 옆에는 옷걸이와 옷장이 있어요.

A terrible laundryman 형편없는 세탁 담당	Kevin sometimes <u>washes</u> clothes in very hot water and shrinks them. He is a <u>terrible</u> laundryman. 케빈은 가끔 매우 뜨거운 물로 옷을 세탁해서 옷이 줄어들어요. 그는 형편없는 세탁 담당이에요.

Vocabulary Review 3 (Unit 21-30)

Ⓐ 일치하는 우리말 뜻을 찾아 쓰세요.

1 e-보관하다   **2 a**-멋있는   **3 b**-욕조

4 d-줄무늬의   **5 c**-정원   **6 g**-지하실

7 f-매달린   **8 j**-식료품   **9 i**-세탁용 세제

10 h-다락방

Ⓑ 반의어를 찾아 연결하세요.

1 comfortable 편안한 - uncomfortable 불편한

2 borrow 빌리다 - lend 빌려주다

3 outside 바깥에 - inside 안쪽에

4 giant 커다란 - small 작은

5 dark 어두운 - bright 밝은

6 neat 깨끗한 - messy 지저분한

Ⓒ 단어를 골라 문장을 완성해보세요.

1 is, 예쁜 옷들이 많이 있는 옷장이 있어요.

2 make, 릴리는 가족들을 위해 식사를 만드는 것을 좋아해요.

3 decorate, 올리비아는 그녀의 욕실을 꾸밀 예정이에요.

4 wooden, 깔개 위에는 나무로 된 커다란 둥근 탁자가 있어요.

5 for, 그녀는 두 달 동안 아주 열심히 일했어요.

6 saw, 모두들 그들이 윌리엄이 작업한 것을 봤을 때 놀랐어요.

7 invited, 제이드는 그곳을 꾸미는 일을 모두 마쳤을 때 하루 그녀의 친구들을 그녀의 다락방으로 초대했어요.

8 they, 애완동물들은 햇볕을 즐기는 동안 앉아서 밖을 내다봐요.

9 look, 가끔씩 그들은 팬트리에 들어가서 그들의 음식을 찾아요.

10 on, 그 위에는 옷걸이가 있어서 거기에 옷을 걸 수 있어요.

Ⓓ 알맞은 단어를 써서 문장을 완성해보세요.

1 rest, 그녀는 침대에서 자거나 쉴 수 있어요.

2 puts, 먼저, 그녀는 오븐용 쟁반 위에 빵을 놓습니다.

3 alone, 그녀가 거기에 있을 때 모두들 그녀를 놔둡니다.

4 Get, 리암은 가끔씩 동물들에게 소리를 질러요. "내려가!"

5 time, 그들은 항상 정원에서 놀아요.

6 turned, 윌리엄은 빔 프로젝터를 틀었어요.

7 made, 아파트에 있는 전형적인 발코니는 콘크리트로 만들어요.

8 washing, 세탁기, 건조기, 그리고 그 옆에 보관장이 있어요.

Part IV

Things in the House
집 안의 물건들

Unit 31 수제 가구

Warm up

- 여러분의 집에는 어떤 가구가 있나요?
- 여러분은 특별한 가구를 가지고 있나요?
- 그것이 왜 특별한가요?

본문 해석

윌리엄의 가구는 매우 특별해요. 그것은 그의 친구들 가구보다 훨씬 더 특별하죠. 윌리엄의 아빠 리암은 가구를 잘 만들어요. 그래서 그는 모든 가구를 직접 만들었어요. 사람들은 그를 "가구의 장인"이라고 불러요.

리암은 그의 가족들의 침대와 소파를 전부 만들었어요. 그것들은 가게에서 구입한 것보다 더 편해요. 그는 또한 보관을 위한 보관장, 서랍, 책장을 만들었어요. 그것들은 가게에서 산 것보다 더 널찍해요. 리암의 가구는 또한 장식적이기도 해요. 텔레비전 보관장과 부엌 보관장은 가게에서 파는 것보다 훨씬 더 보기 좋아요.

최고의 가구는 그의 정원 가구예요. 가족은 종종 정원에서 파티를 해요. 그들은 리암의 가구에 둘러앉아 고기를 요리해요. 그의 야외 가구는 아주 튼튼하고 사용하기 쉬워요. 그는 최고의 가구 장인이에요.

Practice

Ⓐ 알맞은 단어의 뜻을 찾아보세요.

handmade ④ 수제의

furniture ① 가구

by oneself ⑤ 직접

best ③ 최고의

outdoor ⑨ 야외의

meat ② 고기

decorative ⑩ 장식용의

sit around ⑥ 둘러앉다

spacious ⑧ 널찍한

special ⑦ 특별한

Ⓑ 문제를 읽고 알맞은 답을 찾아보세요.

1 사람들은 리암을 뭐라고 부르나요? **c**

2 리암이 만들지 않은 가구는 무엇인가요? **b**

3 리암의 가구에 대해 사실이 아닌 것은 무엇인가요? **c**

4 가족들에게 최고의 가구는 무엇인가요? **a**

C 다음 이야기를 읽고 빈칸을 채워보세요.

Main Idea	**Handmade** furniture 수제 가구
Furniture master 가구 장인	Liam is very good at **making** furniture, so he made all of the furniture by himself. They call him "Furniture **Master**." 리암은 가구를 아주 잘 만들어요. 그래서 모든 가구를 직접 만들었어요. 사람들은 그를 "가구 장인"이라고 불러요.
Handmade furniture 수제 가구	Liam made all of family's beds and **couches**. He also made cabinets, drawers, and bookshelves for **storage**. 리암은 가족들의 침대, 소파를 전부 만들었어요. 그는 또한 보관을 위한 보관장, 서랍, 그리고 책장들도 만들었어요.
The best furniture 최고의 가구	The **best** one is his **garden** furniture. They sit around on Liam's furniture and cook meat. 최고의 가구는 그의 정원 가구예요. 그들은 리암의 가구에 둘러앉아서 고기를 요리해요.

Unit 32 주방용품

Warm up

- 얼마나 많은 종류의 주방용품이 있나요?
- 가장 유용한 주방용품은 무엇인가요?
- 여러분의 집에서 누가 가장 훌륭한 요리사인가요?

본문 해석

아버지들은 어머니들과 함께 집안일에 참여해요. 어떤 아버지들은 청소를 하고, 어떤 아버지들을 세탁을 하고, 다른 아버지들은 요리를 해요.

엘리엇은 요리하는 것을 아주 좋아해요. 그래서 그는 요리 프로그램을 많이 봐요. 오늘밤은 엘리엇이 저녁을 요리할 차례예요.

엘리엇은 부엌에 있는 큰 텔레비전으로 요리 프로그램을 보고 있어요. 식사는 소시지 파스타예요. 그는 소스를 만들기 위해 소시지와 양파를 도마 위에 놓고 잘게 썰고 있어요. 그는 믹서기에 토마토를 전부 넣고 있어요. 그는 프라이팬에 양파를 볶다가 토마토를 추가하고 있어요. 그는 소스에 허브, 소금, 후추와 함께 소시지를 넣고 있어요. 그는 냄비에 파스타를 삶고 있어요. 그다음에 그는 냄비에서 물을 빼고 있어요. 그는 파스타를 접시에 놓고 맨 위에 소스를 놓고 있어요. 짠! 엘리엇의 파스타를 먹어 보고 싶지 않나요?

Practice

A 알맞은 단어의 뜻을 찾아보세요.

utensil ③ 도구
participate in ① ~에 참여하다
do the cooking ④ 요리를 하다
blender ② 믹서기
stir-fry ⑧ 볶다
frying pan ⑩ 프라이팬
boil ⑨ 끓이다
saucepan ⑥ 냄비
chopping board ⑤ 도마
drain ⑦ 물을 빼내다

B 문제를 읽고 알맞은 답을 찾아보세요.

1 집안일이 아닌 것은 무엇인가요? **a**
2 엘리엇에 대해 사실인 것은 무엇인가요? **a**
3 이 이야기에서 엘리엇은 무엇을 요리하고 있나요? **c**
4 엘리엇이 믹서기에 넣는 것은 어떤 음식인가요? **b**

C 다음 문장을 읽고 Eliot이 pasta를 만드는 방법을 순서대로 번호를 쓰세요.

② He stir-fries onions and adds tomatoes to the frying pan.
그는 프라이팬에 양파를 볶다가 토마토를 추가해요.

③ He drains the water out of the saucepan.
그는 냄비에서 물을 빼내요.

① He chops sausages and onions on the chopping board for the sauce.
그는 소스를 만들기 위해 도마 위에 소시지와 양파를 놓고 잘게 썰어요.

Unit 33 거실 가전제품

Warm up

- 여러분의 거실에서 가장 최고의 가전제품은 무엇인가요?
- 여러분은 거실에서 얼마나 많은 시간을 보내나요?

본문 해석

윌리엄은 거실에 있는 아주 큰 스마트 텔레비전을 매우 좋아해요. 맞아요, 그는 자신의 지하 영화관이 있어요. 하지만 그는 거실에 있는 인공지능 시스템을 좋아해요.

텔레비전은 이제 더 이상 단순히 텔레비전만이 아니에요. 요즘에는 말도 하고 생각도 할 수 있어요. 여러분은 더 이상 리모콘이 필요 없어요. 그냥 텔레비전한테 말하거나 여러분의 스마트폰을 사용하면 돼요. 그리고 윌리엄은 텔레비전을 그의 스마트폰으로 조종하는 것을 좋아해요.

그는 사운드바에서 나오는 소리도 좋아해요. 그것은 사방에서 소리가 나는 느낌이 들어요. 그래서 거실에서 텔레비전을 보는 게 좋아요. 마치 내가 쇼 안에 있는 듯한 느낌을 주거든요.

누가 텔레비전을 볼 때 엄청 큰 텔레비전, 인공지능 시스템, 사운드바를 좋아하지 않겠어요? 그의 애완동물들조차 그의 옆에 앉아서 함께 텔레비전을 봐요. 그런데 윌리엄의 엄마, 애비는 그가 텔레비전을 너무 오랫동안 보기 때문에 속상해요. 하지만 윌리엄은 그의 텔레비전 시스템을 여전히 아주 좋아해요!

Practice

Ⓐ 알맞은 단어의 뜻을 찾아보세요.

appliance ⑧ 기기, 제품
come from ⑩ ~에서 나오다
AI ⑦ 인공지능
next to ⑤ ~ 바로 옆에
living room ③ 거실
nowadays ④ 요즘
remote control ⑨ 리모컨
smart ① 영리한
soundbar ② 사운드바(스피커)
direction ⑥ 방향

Ⓑ 문제를 읽고 알맞은 답을 찾아보세요.

1 윌리엄의 거실에 없는 것은 무엇인가요? **a**
2 윌리엄은 스마트 텔레비전을 볼 때 무엇을 하나요? **c**
3 소리는 어디에서 나오나요? **a**
4 윌리엄의 엄마가 스마트 텔레비전 때문에 속상한 이유는 무엇인가요? **a**

Ⓒ 다음 이야기를 읽고 빈칸을 채워보세요.

Main Idea	Living room **appliances** 거실 가전제품
William 윌리엄	William loves the giant smart **TV** and the **AI** system. 윌리엄은 큰 스마트 텔레비전과 인공지능 시스템을 좋아해요.
AI system 인공지능 시스템	You don't need the **remote** control anymore. You just need to **talk to** your TV or use your smartphone. 리모컨이 더 이상 필요 없어요. 그냥 텔레비전에 대고 말을 하거나 여러분의 스마트폰을 사용하면 돼요.
TV system 텔레비전 시스템	William also loves the sound from their **soundbar**. It's great to **watch** TV in the living room. 윌리엄은 사운드바에서 나오는 소리도 좋아해요. 거실에서 텔레비전을 보는 게 좋아요.

Ⓞ *Warm up*

- 샤워를 좋아하나요? 왜 좋아하나요? 아니면 왜 좋아하지 않나요?
- 얼마나 자주 샤워를 하나요?
- 얼마나 오래 샤워하나요?

본문 해석

어떤 사람들은 욕실에서 아주 많은 시간을 보내요. 미아도 그 중 하나예요. 그녀는 다양한 목적으로 사용되는 이 공간에서 정말 긴 시간을 보냅니다.

미아는 샤워실에서 아주 오랫동안 있어요. 그녀는 샴푸로 머리를 두 번 감고 그러고 나서 트리트먼트를 한 번 해요. 그녀는 헤어드라이어로 머리를 말릴 때 시간이 엄청 오래 걸려요. 그녀는 이를 닦을 때는 300까지 숫자를 세요. 그녀는 액체 비누로 수도꼭지를 깨끗이 닦고, 그다음에 입을 헹굽니다. 릴리는 미아가 욕실에서 그렇게 오랜 시간을 보내는 것을 싫어해요.

오늘 미아는 늦게 일어났어요. 그래서 그녀는 자신이 평소에 욕실에서 하는 모든 것을 할 수 없었어요. 대신에 그녀는 세수하고 이만 닦았어요. 그녀는 시간이 없어서 거울로 자신을 살펴보지 않았어요. 학교에서 모두들 미아를 봤을 때 놀란 것 같았어요. 그녀는 머리는 정리가 되지 않는 데다가 잠옷을 입고 있었어요. 미아는 마침내 거울로 자신을 보고 소리를 질렀어요!

Practice

Ⓐ 알맞은 단어의 뜻을 찾아보세요.

twice ③ 두 번
instead ② 대신에
take forever ① 엄청난 시간이 걸리다
dry ⑩ 말리다
brush one's teeth ⑤ 이를 닦다
faucet ⑦ 수도꼭지
shocked ⑧ 충격을 받은
liquid soap ⑨ 액체 비누
bed head ⑥ 자고 일어나 엉망인 머리
rinse one's mouth ④ 입을 헹구다

Ⓑ 문제를 읽고 알맞은 답을 찾아보세요.

1 미아는 어디에서 시간을 오래 보내나요? **c**
2 미아는 샴푸를 몇 번 하나요? **b**
3 미아가 욕실을 오래 쓸 때 누가 싫어하나요? **a**
4 미아가 늦게 일어났을 때의 사실이 아닌 것은 무엇인가요? **b**

C 다음 문장을 읽고 Mia가 아침에 씻는 순서대로 번호를 쓰세요.

① She shampoos her hair twice, and then uses the conditioner once.

그녀는 샴푸로 머리를 두 번 감고, 그다음에 트리트먼트를 한 번 해요.

③ She cleans the faucet with the liquid soap, then she rinses her mouth.

그녀는 액체 비누로 수도꼭지를 닦고 그다음에 입을 헹궈요.

② She dries her hair with the hairdryer.

그녀는 헤어 드라이어로 머리를 말려요.

Unit 35 정원 도구

Warm up

- 정원 도구의 의미는 무엇인가요?
- 정원에서 필요한 도구는 무엇인가요?
- 어떤 정원 도구가 가장 유용한가요?

본문 해석

애비는 많은 애완동물이 있지만 그녀의 정원은 그들 모두에게는 너무 작았어요. 그녀는 더 큰 정원이 필요하다고 생각했어요. 그래서 그녀는 애완동물들을 위해 정원에 변화를 주기로 결심했어요.

애비는 먼저 원예용 장갑을 끼었어요. 그다음에 그녀는 원예용 포크를 사용해서 모든 덤불과 식물들을 파냈어요. 가끔씩 그녀는 삽도 사용해야만 했어요. 덤불과 식물 아래는 많은 개미들과 벌레들이 있었어요.

그러고 나서 그녀는 그것들을 손수레에 놓고, 그녀는 그것들을 정원 중앙에서 한쪽으로 옮겼어요. 그 이후에 그녀는 애완동물들이 뛰어다닐 수 있도록 잔디 블록을 깔았어요. 그녀는 덤불과 식물들을 잔디 가장자리에 놓았어요.

다음으로 그녀는 식물들 주위에 울타리를 쳤어요. 울타리는 그녀의 애완동물들로부터 식물들을 보호할 거예요. 애비는 그녀의 애완동물들이 정원에서는 노는 것을 지켜보았어요. 그것은 완벽해 보였고 그녀는 미소를 지었어요.

Practice

A 알맞은 단어의 뜻을 찾아보세요.

gardening gloves ① 원예용 장갑
digging fork ④ 원예용 포크
bush ⑨ 덤불
shovel ⑥ 삽
worm ⑩ (지렁이 류의) 벌레

make a change ③ 변경하다
wheelbarrow ⑦ 손수레
edge ⑤ 가장자리
lawn ② 잔디
fence ⑧ 울타리

B 문제를 읽고 알맞은 답을 찾아보세요.

1 애비는 왜 더 큰 정원이 필요했나요? **b**

2 애비가 정원에 변화를 주었을 때 가장 먼저 한 일은 무엇인가요? **a**

3 애비는 손수레에 무엇을 실었나요? **b**

4 애비의 정원에 대해 사실이 아닌 것은 무엇인가요? **b**

C 다음 문장을 읽고 Abbie가 정원을 변화시킨 순서대로 번호를 쓰세요.

③ She put fences around the plants.

그녀는 식물들 주위에 울타리를 쳤어요.

② She used her digging fork and dug out all the bushes and plants.

그녀는 원예용 포크를 사용해서 모든 덤불과 식물들을 파냈어요.

① She put her gardening gloves on first.

그녀는 먼저 원예용 장갑을 끼었어요.

Unit 36 자동차 용품

Warm up

- 어떤 종류의 차를 좋아하나요?
- 가족 중에서 누가 운전을 할 수 있나요?
- 어떤 차량 용품이 가장 유용한가요?

본문 해석

올리비아는 새로운 자동차를 사기 원해요. 그녀는 가족들과 함께 자동차 잡지를 보고 있어요. 그들은 함께 차를 고르는 중이에요.

엘리엇은 하얀색 승용차를 원하지만 올리비아는 검은색 SUV를 원해요. 케빈은 검은색 SUV를 좋아하지만 릴리와 미아는 승용차를 원해요. 올리비아와 아이들은 선루프(개폐식 지붕)를 원하지만 엘리엇은 그렇지 않아요. 올리비아는 업그레이드된 스테레오를 원하지만 엘리엇은 그건 돈 낭비라고 생각해요. 그녀는 선팅된 창문을 원하지만 엘리엇은 그게 필요하지 않다고 생각해요. 그게 다가 아니에요.

엘리엇은 안전이 더 중요하다고 생각해요. 그는 전 좌석 에어백과 더 큰 타이어와 더 큰 백미러를 원해요. 올리비아는 큰 GPS 내비게이션 시스템이 달린 더 큰 엔진을 원해요. 그녀는 또한 자동 주차, 검은색 가죽 시트, 그리고 원격 조정 장치와 같은 모든 추가 옵션을 원해요. 케빈, 릴리, 미아는 앞좌석의 뒤에 태블릿을 놓기를 원해요.

모두들 다른 것을 원하네요! 여러분이라면 어떤 것을 고르시겠어요?

Practice

Ⓐ 알맞은 단어의 뜻을 찾아보세요.

sedan ⑩ 승용차
necessary ⑦ 필요한
sunroof ① 선루프
waste of money ⑨ 돈 낭비
remote ⑤ 먼, 원격의
extra ⑧ 추가의
rearview mirror ④ 백미러
magazine ⑥ 잡지
safety ③ 안전
leather seat ② 가죽 의자

Ⓑ 문제를 읽고 알맞은 답을 찾아보세요.

1 올리비아는 무엇을 사기를 원하나요? **b**
2 검은색 SUV를 사기를 원하는 사람은 누구인가요? **c**
3 엘리엇은 업그레이드된 스테레오에 대해 어떻게 생각하나요? **a**
4 릴리의 가족에 대해서 사실이 아닌 것은 무엇인가요? **a**

Ⓒ 다음 이야기를 읽고 빈칸을 채워보세요.

Main Idea	Car items 자동차 용품
Eliot 엘리엇	He wants a white <u>sedan</u>. He thinks <u>safety</u> is more important. 그는 하얀색 승용차를 원해요. 그는 안전이 더 중요하다고 생각해요.
Olivia 올리비아	She wants a black <u>SUV</u> and an upgraded <u>stereo</u>, tinted windows. She also wants a bigger engine and the extra options. 그녀는 검은색 SUV와 업그레이드된 스테레오, 선팅된 창문을 원해요. 그녀는 또한 더 큰 엔진과 추가 옵션들을 원해요.
Kevin 케빈	He likes black SUVs. He wants <u>tablets</u> on the back of the front seats. 그는 검은색 SUV를 좋아해요. 그는 앞좌석 뒤에 태블릿을 설치하기 원해요.
Lily & Mia 릴리와 미아	They want a sedan. They want tablets like kevin. 그들은 승용차를 원해요. 그들은 케빈처럼 태블릿을 원해요.

Unit 37 창고와 도구

Warm up

- 창고가 무엇인지 알고 있나요?
- 사람들은 창고에 어떤 물건들을 보관하나요?
- 여러분은 정리정돈을 잘하는 사람인가요?

본문 해석

창고는 여러분이 물건들을 정리할 수 있도록 도와줄 수 있어요. 잘 정돈된 창고에는 도구들을 올바르고 안전하게 보관할 수 있어요. 눈을 감고 어지럽혀진 창고를 상상해 보세요. 어떤 물건을 쉽게 찾을 수 있나요?

가구 장인인 리암은 아주 정리정돈을 잘하는 사람이에요. 그는 창고에 많은 도구들을 가지고 있어요. 그는 모든 도구들을 각기 다른 보관장과 선반에 보관해요. 톱, 드릴, 전동 드라이버와 같은 모든 전동 공구는 한 보관장 안에 둡니다. 망치, 작은 톱, 줄자, 연필 같은 모든 수공구는 선반 위에 있어요.

애완동물들은 창고에 들어가지 못하게 해요. 하지만 어느 날 잭, 아폴로 그리고 데이지가 들어갔어요. 찰리는 그들을 막으려고 했지만 데이지가 뛰어올라 선반들에 부딪혔습니다. 그녀는 몇몇 도구들을 떨어뜨렸어요. 아폴로는 꽤액 하고 소리지르고 찰리는 아주 시끄럽게 짖었어요. 리암이 창고에 와서 엉망이 된 창고를 봤어요! 그는 아주 화가 났어요! 모두들 창고에서 쫓겨났어요.

Practice

Ⓐ 알맞은 단어의 뜻을 찾아보세요.

storage shed ⑩ 창고
organized ④ 정리된
tool ② 도구
saw ⑧ 톱
drill ⑨ 드릴
imagine ⑦ 상상하다
hammer ③ 망치
allow ⑥ (들어오게) 허락하다
squeal ① 꽤액 하는 소리를 내다
bark ⑤ 짖다

Ⓑ 문제를 읽고 알맞은 답을 찾아보세요.

1 무엇이 여러분이 물건을 정리할 수 있게 도울 수 있나요? **a**
2 리암은 어떤 사람인가요? **c**
3 리암이 창고에 보관하지 않는 물건은 무엇인가요? **a**
4 애완동물들은 창고에서 무엇을 했나요? **a**

Ⓒ 다음 이야기를 읽고 빈칸을 채워보세요.

Main Idea	Shed & Tools 창고와 도구

A storage 창고	A storage **shed** can help you keep things **organized**. 창고는 물건들을 정리할 수 있게 도울 수 있어요.
Liam 리암	**Saws**, drills, and electric screwdrivers are in one cabinet. Hammers, a **hand** saw, tape **measures** and pencils are on a shelf. 톱, 드릴, 전동 드라이버는 한 보관장 안에 둡니다. 망치, 작은 톱, 줄자, 연필은 선반 위에 있어요.
The pets 애완동물	Jack, Apollo and Daisy went into the shed. Daisy jumped and banged on the shelves. Apollo **squealed** and Charlie **barked** very loudly. 잭, 아폴로, 그리고 데이지는 창고에 들어갔어요. 데이지가 뛰어올라 선반에 부딪혔어요. 아폴로는 꽤액 하는 소리를 내고 찰리는 아주 시끄럽게 짖었어요.

Unit 38 컴퓨터와 휴대전화

Warm up

- 얼마나 자주 컴퓨터 또는 휴대전화를 사용하나요?
- 컴퓨터의 좋은 점은 무엇인가요?
- 휴대전화의 나쁜 점은 무엇인가요?

본문 해석

컴퓨터와 휴대전화 중 어떤 것을 더 선호하나요? 몇몇 사람들은 컴퓨터를 선호하지만 다른 사람들은 휴대전화를 더 선호해요.

제이드에게 가장 유용한 발명품은 컴퓨터예요. 그녀의 절친은 도시에 살아요. 그녀는 컴퓨터와 웹캠 덕분에 친구와 연락하고 지낼 수 있어요. 그녀는 컴퓨터로 그녀가 가장 좋아하는 TV 프로그램이나 영화를 자유롭게 볼 수도 있어요. 컴퓨터는 제이드에게 모든 것이에요.

윌리엄은 그의 휴대전화를 정말 좋아해요. 그것은 아주 가볍고, 휴대전화 안에 있는 카메라 렌즈는 정말 멋져요. 그는 휴대전화로 사진을 많이 찍어요. 그는 무선 충전기를 항상 가지고 다녀요. 그는 그의 블루투스 이어폰으로 그가 가장 좋아하는 노래들을 들어요. 윌리엄은 휴대전화가 없는 자신의 삶을 상상할 수 없어요.

모두들 컴퓨터와 휴대전화를 좋아해요. 사람들은 컴퓨터와 휴대전화로부터 많은 혜택을 받아요.

Practice

A 알맞은 단어의 뜻을 찾아보세요.

prefer ⑧ 더 좋아하다
useful ⑨ 유용한
invention ③ 발명품
bestie ① 절친한 친구
keep in touch with ② ~와 연락하며 지내다
webcam ⑦ 웹캠
light ⑥ 가벼운
wireless charger ④ 무선 충전기
without ⑩ ~ 없이
benefit ⑤ 득을 보다

B 문제를 읽고 알맞은 답을 찾아보세요.

1 윌리엄은 무엇을 선호하나요? c
2 제이드의 가장 친한 친구는 어디에 사나요? a
3 제이드는 그녀의 친구와 어떻게 연락하며 지내나요? a
4 윌리엄은 휴대전화로 무엇을 하나요? b

C 다음 이야기를 읽고 빈칸을 채워보세요.

Main Idea	Computers VS Cell phones 컴퓨터와 휴대전화
Jade 제이드	The most useful invention to Jade is the **computer**. She can **keep** in touch with her bestie, thanks to the computer and the **webcam**. 제이드에게 가장 유용한 발명품은 컴퓨터예요. 그녀는 그녀의 가장 친한 친구와 컴퓨터와 웹캠 덕분에 연락하며 지낼 수 있어요.
William 윌리엄	He loves his **cell phone**. He **takes** a lot of pictures with it. He carries a **wireless** charger with him all the time. 그는 그의 휴대전화를 정말 좋아해요. 그는 휴대전화로 사진을 많이 찍어요. 그는 항상 무선 충전기를 가지고 다녀요.

Unit 39 옷과 옷장 물품

Warm up

- 가족 중에 멋쟁이는 누구인가요?
- 여러분은 자주 새 옷을 사나요?
- 여러분은 옷을 주로 어디에서 사나요?

올리비아는 아주 멋쟁이에요. 그녀는 아름다운 치마가 많아요. 그녀는 청바지와 바지가 많아요. 그녀는 또 다양한 색상의 블라우스와 재킷이 있어요. 그녀는 평상복과 격식 차린 옷 모두 다양한 방식으로 섞어서 입어요. 올리비아는 그녀의 스타일에 대해 아주 자신감이 있어요. 그녀의 옷장은 예쁜 옷들로 가득 차있어요.

릴리와 미아도 예쁜 옷을 입는 것을 좋아해요. 그들은 엄마의 예쁜 옷들을 아주 좋아해요. 그들은 엄마의 옷장을 둘러보는 것을 아주 좋아해요.

어느 날 올리비아가 금색 반짝이가 달린 드레스를 샀어요. 릴리와 미아 둘 다 그것을 좋아했어요. 그들도 금색 반짝이 드레스를 가지고 싶어했어요. 그래서 그들은 올리비아에게 그것을 사달라고 매일 조르고 또 졸랐어요. 14일 이후에 올리비아는 마침내 포기했어요. 그녀는 그 둘을 데리고 쇼핑몰에 가서 반짝이 드레스 두 개를 샀어요. 하나는 릴리, 또 하나는 미아를 위한 것이었어요. 릴리와 미아는 아주 기뻤어요!

Practice

Ⓐ 알맞은 단어의 뜻을 찾아보세요.

fashionable ② 유행하는
blouse ① 블라우스
jacket ③ 재킷
spangled ⑨ 반짝거리는
formal ⑩ 격식을 차린
jeans ⑦ 청바지
casual ⑥ 평상시의
wardrobe ⑧ 옷장
different ④ 다른
give up ⑤ 포기하다

Ⓑ 문제를 읽고 알맞은 답을 찾아보세요.

1 올리비아는 어떤 종류의 옷을 가지고 있나요? **c**
2 올리비아는 그녀의 스타일에 대해 어떤 느낌을 가지고 있나요? **c**
3 릴리와 미아는 그들의 엄마의 옷장에서 무엇을 하는 것을 좋아하나요? **b**
4 반짝이 드레스에 대해 사실이 아닌 것은 무엇인가요? **c**

Ⓒ 다음 문장을 읽고 Olivia가 행동한 순서대로 번호를 쓰세요.

② Lily and Mia asked Oliva for it again and again every day.
릴리와 미아는 올리비아한테 그것을 사달라고 매일 조르고 또 졸랐어요.

① Olivia bought a gold spangled dress.
올리비아는 금색 반짝이 드레스를 샀어요.

③ Olivia took both of them to the shopping mall, and got two spangled dresses.
올리비아는 그 둘을 쇼핑몰에 데려가 반짝이 드레스 두 개를 샀어요.

Unit 40 홈 오피스 물품

- 여러분의 가족들은 집에서 일을 한 적이 있나요?
- 여러분의 가족들은 어디에서 일하는 것을 선호하나요?
- 홈 오피스에는 어떤 물건들이 있나요?

본문 해석

엘리엇은 그의 홈 오피스에 많은 물품들이 있어요. 그는 컴퓨터, 모니터, 프린터, 종이 파쇄기를 가지고 있어요. 그는 또 서류 캐비닛, 책상, 그리고 회전 의자 같은 가구들이 있어요.

매일 아침, 엘리엇은 컴퓨터에 로그인을 해서 웹캠을 켜요. 그는 동료들과 온라인으로 아침 회의를 해요. 그러고 나서 그는 웹캠을 끄고 일을 시작해요. 그는 컴퓨터에 필요한 모든 프로그램이 있어요. 그래서 그는 컴퓨터로 많은 것을 할 수 있어요.

엘리엇의 책상은 약간 특이해요. 그것은 높이를 조절해서 서서 사용할 수 있는 책상이에요. 그것은 120cm까지 올라가고 65cm까지 내려가요. 그것은 엘리엇의 등에 좋아요. 왜냐하면 그가 등이 아프거나 졸릴 때 서서 일할 수 있기 때문이에요.

엘리엇은 홈 오피스에 있는 물품들을 좋아해요. 그것들은 그가 집에서 일할 때 그의 생활을 편리하고 편안하게 해줘요.

Practice

Ⓐ 알맞은 단어의 뜻을 찾아보세요.

sleepy ② 졸린
shredder ③ 파쇄기
back ① 등
hurt ⑤ 아프다
standing desk ⑩ 서서 사용하는 책상
log on ④ 로그인하다
coworker ⑦ 직장 동료
item ⑨ 항목, 물품
turn off ⑧ 끄다
convenient ⑥ 편리한

Ⓑ 문제를 읽고 알맞은 답을 찾아보세요.

1 엘리엇의 홈 오피스에는 어떤 가구가 있나요? **a**
2 엘리엇이 매일 아침에 하지 않는 것은 무엇인가요? **b**
3 엘리엇의 사무실에 다소 특이한 물품은 무엇인가요? **c**
4 엘리엇의 홈 오피스에 대해 사실이 아닌 것은 무엇인가요? **c**

Ⓒ 다음 이야기를 읽고 빈칸을 채워보세요.

Main Idea	Home office items 홈 오피스 물품

Item 물품	There is a computer, a **monitor**, a printer, a shredder, a **filing** cabinet, a desk, and a swivel chair in his home office. 그의 홈 오피스에는 컴퓨터, 모니터, 프린터, 파쇄기, 서류 보관용 캐비닛, 책상 그리고 회전의자가 있어요.
Morning meeting 오전 회의	Eliot **logs** on to his computer and have a meeting online. Then he turns **off** the **webcam** and starts to work. 엘리엇은 컴퓨터에 로그인해서 온라인으로 회의를 해요. 그러고 나서 그는 웹캠을 끄고 일을 시작해요.
Eliot's desk 엘리엇의 책상	Eliot's desk is a motion **standing** desk. It's great for Eliot's **back**. 엘리엇의 책상은 높이를 조절할 수 있는 책상이에요. 그것은 엘리엇의 등에 좋아요.

Vocabulary Review 4 (Unit 31-40)

Ⓐ 일치하는 우리말 뜻을 찾아 쓰세요.

1. **c**-수제의   2 **d**-도구   3 **a**-헤어 드라이어
4 **e**-삽   5 **f**-승용차   6 **b**-정리된
7 **i**-발명품   8 **h**-반짝거리는   9 **j**-파쇄기
10 **g**-스마트 텔레비전

Ⓑ 반의어를 찾아 연결하세요.

1 best 최고의 - worst 최악의
2 formal 격식을 차린 - casual 평상시의
3 log on 로그인하다 - log out 로그아웃하다
4 necessary 필요한 - unnecessary 불필요한
5 convenient 편리한 - inconvenient 불편한
6 turn off 전원을 끄다 - turn on 전원을 켜다

Ⓒ 단어를 골라 문장을 완성해보세요.

1 best, 그는 최고의 가구 장인이에요!
2 boiling, 그는 냄비에 파스타를 끓이고 있어요.
3 remote, 여러분은 리모콘이 더 이상 필요하지 않아요.
4 brushes, 그녀는 이를 닦을 때 300까지 세요.
5 digging, 그녀는 원예용 포크를 사용했어요.
6 tinted, 그녀는 선팅이 된 창문을 원해요.
7 shed, 창고는 물건들을 잘 정리할 수 있도록 도와줄 수 있어요.
8 wireless, 그는 항상 무선 충전기를 가지고 다녀요.
9 wardrobe, 그녀의 옷장은 예쁜 옷들로 가득해요.
10 home office, 엘리엇은 홈 오피스에 많은 물품들을 가지고 있어요.

Ⓓ 알맞은 단어를 써서 문장을 완성해보세요.

1 around, 그들은 리암의 가구에 둘러앉아서 고기를 요리해요.
2 stir-frying, 그는 프라이팬에 양파를 볶다가 토마토를 추가하고 있어요.
3 soundbar, 그는 또한 사운드바에서 나오는 소리를 좋아해요.
4 stays, 미아는 샤워실에 아주 오랫동안 머물러요.
5 made, 그녀는 애완동물들을 위해서 정원에 변화를 줬어요.
6 rearview, 엘리엇은 더 큰 백미러를 원해요.
7 electric, 톱, 드릴, 그리고 전동 드라이버와 같은 모든 전동 공구들은 한 보관장에 있어요.
8 matches, 그녀는 다양한 방식으로 옷을 섞어서 입어요.

Memo

Memo